普通高等学校"互联网+"立体化教材

大学体育俱乐部
理论指南教程

总主编　黄伟明

主　编　陆俊波

北京体育大学出版社

策划编辑：刘付锡
责任编辑：魏国旺
责任校对：吴苗苗
版式设计：高荣华

图书在版编目（CIP）数据

大学体育俱乐部理论指南教程 / 黄伟明等主编 . --
北京：北京体育大学出版社，2017.8（2021.7 重印）
　　ISBN 978-7-5644-2715-3

　　Ⅰ . ①大… Ⅱ . ①黄… Ⅲ . ①高等学校—体育组织—
俱乐部—指南 Ⅳ . ① G807.4-62

中国版本图书馆 CIP 数据核字 (2017) 第 204904 号

大学体育俱乐部理论指南教程　　　　　　　　　　　黄伟明　等　主编

出版发行：北京体育大学出版社
地　　址：北京市海淀区农大南路 1 号院 2 号楼 2 层办公 B-212
邮　　编：100084
网　　址：http://cbs.bsu.edu.cn
发 行 部：010-62989320
邮 购 部：北京体育大学出版社读者服务部 010-62989432
印　　刷：北京市密东印刷有限公司
开　　本：787mm×1092mm　1/16
成品尺寸：185mm×260mm
印　　张：12
字　　数：270 千字
版　　次：2017 年 8 月第 1 版
印　　次：2021 年 7 月第 5 次印刷
定　　价：28.00 元

前 言 ◀

　　强化学校体育是实施素质教育、促进学生全面发展的重要途径，对于促进教育现代化、建设健康中国和人力资源强国、实现中华民族伟大复兴的中国梦具有重要意义。《"健康中国2030"规划纲要》特别提出，"把健康摆在优先发展的战略地位，立足国情，将促进健康的理念融入公共政策制定实施的全过程，加快形成有利于健康的生活方式、生态环境和经济社会发展模式，实现健康与经济社会良性协调发展。""加大学校健康教育力度，将健康教育纳入国民教育体系，把健康教育作为所有教育阶段素质教育的重要内容。""建立学校健康教育推进机制。构建相关学科教学与教育活动相结合、课堂教育与课外实践相结合、经常性宣传教育与集中式宣传教育相结合的健康教育模式。"

　　为了进一步推动学校体育的改革发展，促进学生身心健康、体魄强健，2016年5月，国务院办公厅发布的《关于强化学校体育促进学生身心健康全面发展的意见》提出，"以'天天锻炼、健康成长、终身受益'为目标，改革创新体制机制，全面提升体育教育质量，健全学生人格品质，切实发挥体育在培育和践行社会主义核心价值观、推进素质教育中的综合作用，培养德智体美全面发展的社会主义建设者和接班人"。同时，提出强化学校体育要"坚持课堂教学与课外活动相衔接""坚持培养兴趣与提高技能相促进""坚持群体活动与运动竞赛相协调""坚持全面推进与分类指导相结合"。

　　本教材以"健康第一"为指导思想，注重体育文化的传承，以培养学生终身体育意识、掌握一两项运动技能为目标进行了编写。本教材共包括16章内容，对体育基础理论知识和各个体育运动项目的理论知识分别作了介绍，分为理论篇和指南篇，具有系统性、科学性、实用性等特点；构建了相对完整的运动知识体系，以回归注重学生发展的本位；突出强调教材的指导性和学生学习的自主性，体现出教材定位、设计与编写等方面在体育俱乐部教学改革中的示范性，适合高校当代大学生公共体育课程选用。

本教材具有以下特色。

一、理念新颖

本教材遵循"健康第一"的新理念。在理论上，紧紧围绕体育锻炼与健康的关系进行阐述；在实践上，重点介绍我校学生选修得较多的运动项目，使学生掌握运动技能，充分认识到体育锻炼的重要性。

二、科学性强

本教材以大量的科研成果为依据，力求理论严谨、科学，学练方法实用、合理。

三、新增"互联网+"立体教学资源

本教材在相应章节增加了二维码，学生利用手机扫描二维码即可浏览相应的内容或观看视频，具有直观性和可视性，有助于学生理解和掌握运动项目动作要点，体现了"互联网+"的立体教学模式。

在编写过程中，我们参考和借鉴了大量的书籍和资料。在此，谨向文献的作者表示衷心的感谢。

由于编者水平有限，加之时间仓促，书中若有疏漏与不妥之处，敬请有关专家、读者批评与指正。

目 录 ◄

大学体育俱乐部理论篇

大学体育俱乐部指南篇

第一章

学校体育概述

>> **本章导言**

学校体育是指以在校学生为参与主体的体育活动，通过培养学生的体育兴趣、态度、习惯、知识和能力来增强学生的身体素质，培养学生的道德和意志品质，促进学生的身心健康。学校体育是教育的重要组成部分，是计划性、目的性、组织性较强的体育教育活动过程。

>> **学习目标**

1. 了解学校体育的目标与任务。
2. 了解学校体育和素质教育的关系。
3. 了解高校体育在终身体育中的作用。
4. 掌握终身体育教育的措施。

第一节　学校体育的目标与任务

一、我国学校体育的目标

我国学校体育的目标是指在一定时期内，学校体育实践要达到的预期结果。它是学校体育指导思想的具体体现，是开展学校体育工作的出发点，也是评价学校体育工作效果的重要依据。学校体育目标制订得正确与否，一方面直接关系到学校体育内容、方法和手段的选择与运用，另一方面关系到学校体育的发展方向，影响人才培养的质量和规格。

周登嵩主编的《学校体育学》将当前我国学校体育的总目标描述为："开发学生的身心潜能，增强学生体质，增进学生健康，促进学生身心的和谐发展；培养学生从事体育运动的态度、兴趣、习惯和能力，为终身体育奠定良好的基础；促进学生个体社会化，培养学生良好的思想品质，使其成为具有创新精神、创新能力和德智体美全面发展的社会主义建设的合格人才。"

为了确保学校体育总目标的实现，学校体育工作应该达到以下目标。

（1）增强学生体质，增进学生健康。

（2）传授体育运动、卫生保健、健康生活的知识，运动技能和健身方法，使学生具有一定的体育文化素养。

（3）培养学生对体育的兴趣、体育锻炼习惯和体育锻炼能力，为终身体育奠定基础。

（4）促进学生个性的全面发展，培养健全的人格。

（5）发展学生的运动才能，提高学生的运动技术水平。

二、高校体育课程的目标

《全国普通高等学校体育课程教学指导纲要》对高校体育课程的目标重新进行了界定，为新时期高校体育课程的改革与发展指明了方向。（表1-1-1）

表1-1-1　高校体育课程的目标

领　域	基本目标	发展目标
运动参与目标	积极参与各种体育活动并基本形成自觉锻炼的习惯，基本形成终身体育的意识，能够编制可行的个人锻炼计划，具有一定的体育文化欣赏能力	形成良好的体育锻炼习惯；能独立制订适用于自身需要的健身运动处方，具有较高的体育文化素养和观赏水平

续　表

领　域	基本目标	发展目标
运动技能目标	熟练掌握两项以上健身运动的基本方法和技能；能科学地进行体育锻炼，提高自己的运动能力；掌握常见运动损伤的处置方法	积极提高运动技术水平，发展自己的运动才能，在某个运动项目上达到或相当于国家等级运动员水平；能参加有挑战性的野外活动和运动竞赛
身体健康目标	能测试和评价体质健康状况，掌握有效提高身体素质、全面发展体能的知识与方法；能合理选择人体需要的健康营养食品；养成良好的行为习惯，养成健康的生活方式；具有健康的体魄	能选择良好的运动环境，全面发展体能，提高自身科学锻炼的能力，练就强健的体魄
心理健康目标	根据自己的能力设置体育学习目标；自觉通过体育活动改善心理状态、克服心理障碍，养成积极乐观的生活态度；运用适宜的方法调节自己的情绪；在运动中体验运动的乐趣和成功的喜悦	在具有挑战性的运动环境中表现出勇敢、顽强的意志品质
社会适应目标	表现出良好的体育道德和合作精神；正确处理竞争与合作的关系	形成良好的行为习惯，主动关心、积极参加社区体育事务

三、高校体育的任务

根据我国《学校体育工作条例》的规定，为了实现高校体育的目的，高校体育工作需要完成以下基本任务。

（1）增进大学生的身心健康，增强大学生体质。

（2）使大学生掌握体育基本知识，培养大学生的体育运动能力和习惯。

（3）提高大学生的运动技术水平，为国家培养体育后备人才。

（4）对大学生进行品德教育，增强大学生组织纪律性，培养大学生勇敢、顽强和进取精神。

知识窗

实现高校体育目标与任务的基本途径

（1）体育课教学。体育课是高校的必修课，是高校体育的重要组成部分。体育课教学是实现高校体育目标和任务的主要途径之一。

（2）课外体育活动。课外体育活动可以培养大学生的自我锻炼意识和锻炼能力，促进大学生的身心健康，增强大学生体质，提高学习质量，同时可以丰富大学生的业余文化生活，提高大学生运动技术水平和体育欣赏水平。

学校体育的
历史发展

第二节　学校体育与素质教育

素质教育的
提出

　　素质教育是以提高全民族素质为宗旨的教育，它是依据《中华人民共和国教育法》规定的国家教育方针，着眼于受教育者及社会长远发展的要求，以面向全体学生、全面提高学生的基本素质为根本宗旨，以注重培养受教育者的态度、能力，促进他们在德、智、体、美等方面主动地发展其为基本特征的教育。素质教育要使学生学会做人、学会求知、学会劳动、学会生活、学会健体和学会审美，为培养他们成为有理想、有道德、有文化、有纪律的社会主义公民而奠定基础。学校体育是素质教育的重要内容，又是素质教育的重要手段。

知识窗

　　素质教育是以全面提高人的基本素质为根本目的，以尊重人的主体性和主动精神，以人的性格为基础，注重开发人的智慧潜能，注重形成人的健全个性为根本特征的教育。

一、学校体育在素质教育中的积极作用

（一）促进学生智力的发展

　　研究表明，体育运动能促进大脑的发育，改善大脑的机能，为人们从事智力活动打下良好的物质基础。体育运动还可以促进观察力、记忆力、想象力和思维能力等智力因素的发展。

（二）增强学生的体质

　　增强学生体质的作用是学校体育最原始、最本质和最为独特的功能。大量研究和实践证明：体育锻炼有利于促进机体的生长发育；提高机体心血管等系统器官的机能水平，从而增强学生对疾病的抵抗能力。

（三）培养学生的竞争意识和进取精神

　　竞争是体育运动的突出特点。学校体育以其丰富多彩的内容和形式，通过开展各种不同形式的体育竞赛，能较好地动员学生全身心地投入竞赛或锻炼中去，有利于培养学生的竞争意识和进取精神。

（四）磨炼学生顽强的意志品质

　　在体育教学、训练和竞赛中，学生必须付出自己最大的努力去克服生理上和心

理上的困难或障碍，从而顺利完成课程、训练和竞赛，并且每前进一步往往需要付出更多的努力，胜利也常常取决于"再坚持一下的努力之中"。因此，长期、系统的体育教育，能有效地磨炼学生顽强的意志品质。

（五）陶冶学生高尚的情操

在体育教学、课外锻炼和各种体育竞赛中，学生都将获得各种强烈的情感体验，而这种情感体验，具有鲜明、强烈、丰富、多样、易变等特点，对陶冶学生的情操具有良好的作用。

二、如何利用体育手段提高自身综合素质

学校体育是教育的重要组成部分。学校体育如何适应素质教育的要求，学生如何通过积极参与体育活动提高自身的综合素质，是新时期必须研究的一个重要课题。

（一）提高体育意识

学校要使学生对体育的功能有一个全面的认识：认识到体育活动除了可以强身健体外，还可以调节不良情绪和缓解学习压力；认识到通过体育活动可以促进同学交往，广交朋友，培养自己的团队精神；认识到体育活动可以锻炼自己的智力和随机应变的能力；认识到体育活动可以磨炼自己的意志品质，培养坚毅、果断的处事作风。总之，大学生应该提高自身的体育意识，了解体育的多种功能，并学会充分利用体育的多元化功能来锻炼和提升自己的综合素质。

（二）培养体育兴趣

兴趣是最好的老师。学生对体育活动感兴趣才能积极参与其中，并获得良好效果。大学体育课程一般都设有专项教学，重点发展大学生的体育兴趣，并促使大学生掌握两项及以上能终身坚持锻炼的体育运动技能。大学生可根据自己的体育基础和感兴趣的体育项目，利用大学丰富的体育资源，在体育活动期间重点练习所选项目，以发展和提高运动技能水平。大学生体验到成功的快乐后，就很容易对这一运动项目产生兴趣。

（三）坚持参与体育锻炼

大部分高校将体育课安排在大一、大二年级，因此在一定程度上会造成大三、大四的学生减少甚至不参加体育锻炼。这不仅会影响体育锻炼的效果，还不利于大学生树立终身体育的意识。除了参加体育课的活动和锻炼外，大学生也可在课外进行自己感兴趣的体育项目，养成良好的体育锻炼习惯，坚持终身参与体育锻炼。

第三节　高校体育与终身体育

　　体育是伴随人的终身教育、健康愉快生活所不可缺少的重要组成内容。终身体育思想不仅是学生在校期间的教育活动，还要着重解决学生在校期间的体育教育能否使其终身受益的问题。终身体育的核心应在于使体育教育贯穿人的一生，使学前体育、学校体育、社会体育等教育层次构成终身体育教育的全过程。因此，学校体育是学生终身体育的基础阶段。

知识窗

　　终身体育是 20 世纪 90 年代以来体育改革和发展中提出的一个新概念。终身体育是指一个人终身进行身体锻炼和接受体育教育。终身体育的含义包括两个方面：一是指人从生命开始至生命结束都在学习与参加身体锻炼，使终身有明确的目的性，使体育成为人一生中始终不可缺少的重要内容；二是指在终身体育思想的指导下，以体育的体系化、整体化为目标，为人们在不同时期、不同生活领域提供参加体育活动机会的实践过程。

一、高校体育在终身体育中的重要作用

　　高校是培养人才的基地，体育教育是培养人才的基础。合格的人才除了具有高尚的思想道德和渊博的专业知识外，还必须具有一个健康的体魄。人才是知识的载体，而人才需要健康作为物质基础。体育可以有效地改善人体的健康状况。人们想要保持身体健康，就必须长期不懈、经常性地进行体育锻炼。同时，终身体育行为的形成还需要人们养成锻炼的习惯，了解相关的人体知识和掌握一定的健身方法，这些都是高校体育教育和教学的重要内容。可见，高校体育教育是大学生养成终身体育习惯最重要、最关键的阶段。

　　高校是大学生接受教育的重要阵地，其教育内容对大学生的影响很大。高校体育教育应当不失时机地加强对大学生主体意识的培养，利用重复锻炼身体的过程，提高其独立锻炼身体的能力，强化终身体育意识，使大学生掌握锻炼身体的知识与正确方法，使高校成为大学生养成终身体育行为习惯的实际场所。在终身体育的长河中，高校体育，特别是体育教学任务是使学生终身进行体育锻炼，做好智能储备和提高身心素质。可见，高校体育在终身体育中起着重要作用。

二、终身体育教育的措施

（一）终身体育意识的培养

面对世界新技术革命的挑战和激烈的人才竞争，大学生必须具有强健的体魄和充沛的精力，才能应对挑战和竞争。因此，大学生在校期间养成终身体育的意识是非常必要的。使大学生从根本上认识到终身体育不仅是社会发展的需要，也是个人生存、享受和发展的需要。

（二）终身体育兴趣的培养

高校对大学生进行终身体育教育，首先要激发大学生参与体育活动的热情，那么培养大学生对体育的兴趣和爱好就十分重要。另外，高校在强调培养体育兴趣的同时，还应注重培养大学生的学习创造性和学习主动性，使大学生积极主动地体验体育运动的乐趣，养成锻炼的习惯，自觉地坚持体育锻炼。

（三）终身体育习惯的培养

终身体育习惯是经过反复练习形成的、不需要意志努力和监督就能维持锻炼的自动化行为模式。如果人们经过体育实践之后，能形成终身体育锻炼的习惯，那么终极性的体育动机——终身体育动机就形成了。这种终身体育动机是一种自然、自发的人格发展，并且以养成锻炼习惯为前提和基础。基于此，养成锻炼习惯成为奠定学生终身体育基础的关键，那么高校体育应重视培养大学生及早养成终身体育锻炼的习惯。

（四）终身体育能力的培养

终身体育教育应重视对学生能力的培养。高校在体育课中应以传授知识和技能为主，以使大学生掌握科学锻炼方法和知识为指导，重点加强对大学生各种能力的开发，使大学生终身在各种生活条件下均能自觉锻炼，真正实现终身体育的长久目标。

（五）加强学校体育与健康教育相结合，提高终身体育的质量

终身体育内容不只限于体育范畴内，还渗透着健康教育的思想、理论和方法。高校应加强学校体育与健康教育相结合，将身体锻炼、运动技能与健康理论融为一体，以促进大学生身心健康为指导进行体育健康教学。目的是使大学生通过学习掌握有关健康、健身的多方面知识与方法，并积极投身于健身活动中，最终成为身心健全的健康人，提高终身体育的质量。

第二章

大学体育俱乐部概述

>> 本章导言

为了充分贯彻"以人为本""健康第一"的教育理念，体现"以学生为主体、教师为主导"的教育思想，我国许多高校均不同程度地对体育课程进行了俱乐部制改革，实施了大学生体育俱乐部制。明确什么是大学体育俱乐部，了解大学体育俱乐部制体育课程的模式，才能更好地进行个性化选课。

>> 学习目标

1.了解大学生体育俱乐部和大学生课外体育锻炼俱乐部。

2.了解国内外高校体育俱乐部的发展概况。

3.了解大学体育俱乐部制体育课程的模式。

4.掌握大学体育俱乐部个性化选课方法。

第一节　体育俱乐部概述

体育俱乐部主要有以下两种模式：一种是由体育教育行政部门或实施部门所组建的体育教学俱乐部，另一种是由学生社团组织或体育爱好者自发组织成立的课外体育锻炼俱乐部。

知识窗

体育俱乐部原指一种群众性体育组织，是群众体育活动的场所。随着体育俱乐部的发展，其内涵得到了进一步的拓展，在形式上也呈现出多样化。体育俱乐部可作为一种组织，是一种自发的由社会兴办的开展体育活动的基层组织，是"人的集合"，是以体育爱好者自发性、自立性结合为基础，为增进健康和促进相互间的协调和睦而进行持续性体育活动的组织；也可作为一种组织的活动形式或活动过程。

一、大学生体育俱乐部课堂教学

大学生体育俱乐部课堂教学是一种融国外大学体育俱乐部活动与国内传统体育教学两种形式为一体的新型体育教学模式。它的主要特征为将传统班级授课制改革为由学生自主选择授课时间、授课项目、授课教师的教学俱乐部形式，并且一般实行学分制或学年选课教学管理制度。它规定授课时效，强调以学生"会学体育"为目的，将传统的以教师为主体的班级授课制改革为"主导制"或"辅导制"，充分体现了"以学生为主体"的指导思想，实现了体育教育目标的创新。目前，在体育课程改革不断深化的前提下，其教学模式已经在全国许多高校实施，并各具特色。它与专项体育课或选项体育课存在许多不同点。

体育教学
俱乐部

二、大学生体育俱乐部课外锻炼

大学生体育俱乐部课外锻炼是一种融国外大学体育俱乐部与国内学生课外体育自主锻炼两种形式为一体的课外体育锻炼活动模式。其主要特征为将学生课外体育锻炼"计划安排制""自主锻炼制""随机组合制"改革为"有机组合制""主动参与制"。这种模式使大学生在"自觉、自愿"的基础上结交相对固定的活动伙伴，并实行"自主自律、自我管理、自我发展"的管理方式。俱乐部活动有利于学生缔结活动伙伴关系，塑造和培养团队精神，培养俱乐部活动骨干的组织与管理能力。这一活动形式或活动过程与传统的课外体育自主锻炼形式存在着许多差异。

第二节　大学生体育俱乐部制的地位和作用

一、高校体育俱乐部的地位

高校体育俱乐部是高等学校教育的重要组成部分，是国民体育的基础，是实现全民健身计划的重要手段和保障。高校体育教学俱乐部不仅可以使大学生掌握基本的体育技能，提高运动技术水平，还可以使大学生更好地获得增强体质与健康的基本知识，培养体育能力和体育锻炼习惯。课外体育锻炼俱乐部是高校体育教学俱乐部的延伸。组织课外体育锻炼俱乐部与开展多种体育项目，加强了高校体育教学俱乐部的基础地位，丰富了大学生业余体育生活，营造了良好的校园体育文化氛围。

二、高校体育教学俱乐部的作用

高校体育教学俱乐部的作用如下。

（1）启发和引导大学生用自己的智慧和能力进行体育学习。

（2）有利于对大学生体育生活进行引导和规范，使高校体育教学与课外体育锻炼保持连贯性和统一性。

（3）以终身体育、素质教育为主线，使高校体育教育功能超越学制的限制，让大学生终身受益。

三、课外体育锻炼俱乐部的作用

课外体育锻炼俱乐部是开展群众性体育活动的一种主要发展模式，一般开设篮球、排球、足球、乒乓球、羽毛球、网球、舞蹈、武术、健身健美等项目。

（1）根据大学生的体育爱好、身体状况和学校体育条件进行组织，由爱好该活动项目的大学生自愿选择自己喜爱的运动项目，使课堂教学与课外体育锻炼活动有机地结合起来。

课外体育
锻炼俱乐部

（2）促进大学生运动技术、身体素质等方面得到进一步的提高和发展。

（3）有利于培养大学生的自我锻炼习惯和提高大学生的体育锻炼能力，为其今后步入社会、从事终身体育锻炼打下良好的基础。

（4）积极推动校园体育文化，促进高校体育竞技水平的提高。大学生体育俱乐部可以有目的、有计划地开设"运动俱乐部"和举办各种体育竞赛活动及开设裁判员培训班，培养体育骨干。大学生体育俱乐部是高校校园文化的重要内容，已成为大学生课余生活的重要组成部分，有利于培养大学生健康、科学、文明的生活方式。以大学生体育俱乐部形式开展的各种体育比赛，有利于促进各高校之间相互交流和了解，增进学校之间的友谊，提升高校的运动竞技水平。

第三节　大学体育俱乐部制的课程模式

一、俱乐部制体育课程实施的背景和意义

俱乐部一词源于欧美，亦称总会，是社会团体及公共娱乐场所的总称。美国最早的社会体育俱乐部创建于 1732 年的费城。18 世纪末 19 世纪初，美国许多进入大学的学生将他们在家乡学到的体育活动知识带到校园，于是美国的一些大学班级之间有了体育比赛，产生了大学体育俱乐部。1843 年，耶鲁大学成立了划船俱乐部；1850 年，哈佛大学成立了常青藤体育俱乐部；1857 年，圣保罗学院成立了划船、板球俱乐部；1922 年，美国成立了高校体育俱乐部指导者联合会。

国外体育俱乐部经过 200 多年的发展，已成为世界大多数发达国家高校开展体育活动的重要组织形式。值得注意的是，世界范围内的大学体育必修课在迅速减少。根据日本学者 1993 年的考察报告，俄罗斯和东欧的大部分国家都取消了大学体育必修课。1991 年，日本取消了国家对大学生设立体育必修课的强制性限制；1993 年，韩国也取消了国家对大学生的体育必修课的强制性限制。这一趋势表明国外大学体育课程与教学的重心已经转向体现"人本主义"教育观、以学生自主学习和自主锻炼为主要形式、以体育俱乐部为载体的高校体育教学、训练与锻炼的新模式。

这一趋势为我国高校体育改革提供了借鉴。目前，我国高校体育的教学形式对于由选修课向俱乐部方向发展的探索顺应了这种改革趋势。

20 世纪 80 年代以来，我国大学体育受世界大学体育思想和高等学校体育管理模式的影响，体育俱乐部作为大学体育改革的成果在我国高校中悄然兴起。与俱乐部最初的内涵有所区别的是我国高校体育俱乐部多以课外体育的组织形式开展活动。

在新的发展时期,《中共中央国务院关于深化教育改革　全面推进素质教育的决定》明确指出:"体育课程教学是素质教育和健康教育的重要途径。"《全国普通高等学校体育课程教学指导纲要》(以下简称《纲要》)提出:"根据学校教育的总体要求、同层次、不同水平、不同兴趣学生的需要,要充分发挥学生的主体作用和教师的主导作用,努力倡导开放式、探究式教学,努力拓展体育课的时间和空间。在教师的指导下,学生应具有自主选择课程内容,自主选择任课教师,自主选择上课时间的自由度,营造生动、活泼、主动的学习氛围。"

体育俱乐部教学模式符合《纲要》的要求。"素质教育"与"健康第一"的指导思想正是实施发展高校体育俱乐部的理论依据。我国经济体制和教育体制的改革为高校体育俱乐部的发展奠定了物质基础和思想基础。我国经济体制已向社会主义市场经济转轨,国家总体经济实力有了很大的提高,为增加教育投入创造了前提,为高校建立体育俱乐部提供了财力保障。

教育改革的根本目的在于提高全民族素质。改革开放以来,高校体育也加快了改革的步伐,取得了较大进步,特别是在体育观念上发生了很大变化,树立了素质教育、终身体育和健康教育的观念。许多高校在体育改革中实行了选课制,使大学生能较自由地根据个人情况选择学习课程,使大学生从客体变为主体,学习氛围从封闭变为开放,这种方式深受大学生和教师的欢迎。很多高校已出现了各种单项体育协会、长跑俱乐部、健美俱乐部等多种形式的运动组织,这些都为我国高校实行大学体育俱乐部管理模式提供了实践基础。

二、课程指导思想与目标

(一)课程指导思想

结合学校全面推行素质教育、培养素质全面的应用型人才的办学指导思想,体育课程以"以人为本,健康第一"为指导方针,以培养大学生"终身体育"意识为主线,以"三自主"满足大学生的兴趣需求,发展大学生的个性,实现体育课内、课外的一体化,提高体育教学的有效性,并创建学习型、实践型的有特色的俱乐部制大学体育课程,为大学生搭建多内容、多形式、多渠道的体育平台,并有力地推进学校的体育文化建设。

(二)课程目标

(1)使大学生能有效地掌握两种以上运动项目的健身方法与技能,至少能在一个运动项目上具备一定技术、技能水平与实践运用能力。

(2)尊重大学生的个体差异,使体育课程能适应大学生生理、心理发展规律及大学学习的规律,有效体现大学生的主体地位,注重大学生的兴趣培养与兴趣发展,保证大学生体育学习四年不间断。

（3）培养大学生积极参加体育活动的意识，形成自觉锻炼的习惯；发展大学生体能，提高大学生自我科学锻炼的能力，使大学生具备一定的体育文化欣赏能力，促进大学生"终身体育"意识的形成。

（4）运用多样的体育教育手段，正确引导和规范大学生体育生活，促使大学生发扬体育精神，让大学生学会合理地进行健康投资与体育消费，促使大学生形成良好的体育生活习惯与积极进取、乐观开朗的生活态度。

（5）体育教学俱乐部通过开展各项体育活动与赛事，在学校形成一种较高层次、多元化的校园体育氛围，有效地推动校园体育文化建设，并促进学校竞技体育水平的提高。

三、俱乐部制大学体育课程教学体系

为了进一步推进学校体育教学改革，全面提高学生身体素质，中国计量学院采用体育俱乐部的形式培养大学生终身体育意识与能力，使大学生掌握一两项长期从事体育锻炼的技能和方法，充分发挥大学生的体育才能、兴趣与爱好，以俱乐部形式组织课内外体育教学和以群体活动形式开展校内外体育培训、竞赛活动，全面提高大学生的身体素质。体育俱乐部是在学校体育运动委员会的统一领导下，在体育军事部的统一组织、指导和监督下，有计划、分阶段地开展体育俱乐部活动的。每个俱乐部配备一名指导教师，这名教师负责专项技术指导和监督工作。（图2-3-1）

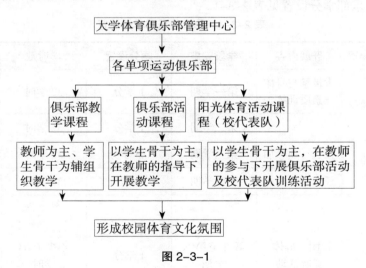

图 2-3-1

（一）体育俱乐部阶段类型、学习内容与学时分配

1. 体育俱乐部阶段类型

第一学期至第二学期开设俱乐部基础课程。以太极拳与身体素质训练、体育与生存技能训练两门特色课程为主要内容。这一阶段以生命安全和传统文化的内容为

主题，目标是使学生掌握终身运用的基本生活与生存技能。

第三学期至第四学期开设兴趣技能培养课程。大学生可根据自身的情况和兴趣任选两个运动项目进行学习；大学生可自由选择上课时间，自由选择项目，自由选择教师。在此阶段的 32 学时中，有 4 ~ 6 个学时是大学生可通过参加俱乐部各种活动取得的。运动技能目标是使每位学生能够熟练掌握一两项健身运动的基本技能、基本理论知识，能科学地进行体育锻炼，了解和掌握常见运动损伤的基本处理方法。

第五学期至第八学期，俱乐部的课程设置为形式多样的校内外、课内外体育群体活动。这一阶段实行"开放式教学"。大学生可根据自身的情况和兴趣选择修满不少于 40 学时的俱乐部群体活动。其途径是可以参加学校体育代表队训练，参加体育项目俱乐部活动，参加校内各项群体活动或赛事等。这一阶段的目标是使学生养成自觉锻炼身体的习惯，形成终身体育的意识，能够编制可行的个人锻炼计划。

2. 体育俱乐部学习内容

俱乐部学习内容包括身体素质训练、体能训练、专项技能教学、运动常识、主题教学与体验等。

大学生每个学期根据自身的情况和兴趣可任选的专项项目包括篮球、排球、足球、软式排球、乒乓球、羽毛球、网球、跆拳道、太极拳、体育与生存、太极柔力球、体育舞蹈、健美操、定向运动、越野跑、啦啦操、男子健美、拓展、瑜伽、体育保健等项目。

3. 体育俱乐部学分设置

体育俱乐部学分设置见表 2-3-1。

表 2-3-1　体育俱乐部学分设置

俱乐部课程设置	开展内容	学段安排	学分设置	学时数	备 注
俱乐部基础课程	太极拳与身体素质训练	第一学期	1 学分	32 学时	
		第二学期	1 学分	32 学时	
兴趣、技能培养课程	任选一项参加	第三学期	0.5 学分	32 学时	
	任选一项参加	第四学期	0.5 学分	32 学时	
俱乐部活动	社团、群体、竞赛活动	第五至第八学期	1 学分	不少于 64 学时	各单项俱乐部组织有教师参加的技术指导课程的学时，每学期应不少于 8 学时
合　计			4 学分	不少于 192 学时	

注：每人每学期最多完成 32 学时，超出部分不累计。

14

（二）体育保健课程

体育保健课程是学校体育课程中一门特殊的课程，专门为部分有生理缺陷、疾病、体质虚弱等运动机能障碍的学生开设，属于体育养生与保健教学俱乐部的课程。在校期间，大学生因某些原因不能正常修读高校体育教学俱乐部课程的，可以选择学习本课程。选择该课程的学生需单独组班学习。

（1）课程对象：有生理缺陷，患急性、慢性疾病，体质虚弱、受伤或者其他原因导致运动机能障碍的大学生。

（1）课程办理：大学生在申请学习体育保健课程时，须出具相关县级以上医疗单位的医学证明，并明确说明自身有运动机能方面的障碍，然后由大学生所在院系确认。之后，大学生须到体育军事部教学秘书处申请进入体育保健班学习。已经进入体育保健班学习的大学生，也可依据自身实际情况申请转出体育保健班，学习其他俱乐部课程。

（3）需进入体育保健课程学习的大学生，可不参与俱乐部课程的选课，直接到体育军事部申请进入体育保健班学习。

（4）体育保健课程的学习管理与其他课程一样，即大学生考核合格，即可获得相应学分。

四、大学体育俱乐部选课指导

针对学生的兴趣爱好开展多样化的体育课程教学是当前各大高校体育教学所面临的一个挑战，而自主选课方式也给许多大学生带来了不少困惑，盲目、随大流选课，不知如何正确选择适合自己的项目，导致最后收效甚微，白白浪费了时间、精力。正确选择一项心仪的体育项目，可以有效提高大学生的学习兴趣，有助于大学生获得良好的学习效果。那么，如何合理有效地选择项目呢？

据调查显示，当前大学生选择体育项目的出发点主要包括身体发展和人格形成、比赛取胜、娱乐、保健与康复、促进人际关系、提高体育成绩（拿奖学金）等方面。以短期效应或以功利性为目地选择项目，有违体育的本质，不应被提倡。本教材建议大学生在选择体育项目时参考以下几点。

（一）以体质特征为基础，以个人兴趣为方向，确立选项，注重个性发展

首先，大学生应根据自身的体质特征、身体条件及原有运动基础等确认自己的选项及学习层次。例如，身体不壮实，易于患病，病情迁延不愈，有消化不良、食欲不振、精神萎靡等多种症候的虚弱型体质者，适宜选择运动量小、有养生功效的项目，如太极拳等传统武术项目。体质健壮、反应敏捷、身体素质好的大学生可以选择篮球、足球、散手、跆拳道等直接对抗型项目。隔网对抗型项目由于运动量适宜、无直接身体对抗、趣味性强，可以提高人的全面协调能力，适合大多数人选

择。需要提高心血管系统功能或减肥的大学生可以参加有氧运动，如健美操、定向运动等。

其次，在确定身体能力允许的情况下，大学生可从个性发展的角度基于个人兴趣爱好来选择运动项目。例如，篮球是大多数男生喜爱的运动项目，可供大部分有兴趣的大学生选择。此外，还要确定学习层次，即选择基础班还是提高班。

（二）扬长补短，注重身心协调发展

体育教学是一个动态体系，学生是活动的主体。兴趣爱好的培养、体能的发展、心理需要的满足等方面，都能影响个体的身心协调发展。运动项目的选择不能投鼠忌器。大学生要想成为一个全面发展的人，不但要发展个性特长，而且要弥补短板。心理学家巴甫洛夫发现，神经系统平衡的人能有效地分配注意力，同时做好几件事情，有利于学习一些有复杂动作的运动项目；神经系统不平衡的人，如兴奋占优势的神经类型的人在分配注意力上有一定困难，可以通过做太极拳、慢跑等舒缓的运动来调节神经并加以平衡。

不同性格的
项目选择

（三）正确选择，纠正心理缺陷，培养健全人格

大量的体育心理学研究证明，各项体育运动都需要较强的自我控制能力、坚定的信心、勇敢果断的性格和坚韧刚毅的意志等心理品质作为基础。因此，有针对性地进行体育锻炼，是纠正心理缺陷、培养健全人格有效的心理训练方法。但是，人体各异，选择体育锻炼项目也应有的放矢。

给大学女生
的选课建议

（四）以职业需要为前提，为将来的工作做准备

大学生在选择体育项目的过程中应有理性的认识，在以个人兴趣爱好为前提的基础上，应注重理性的主观需求。首先要对自己的身体机能、个性、心理品质、兴趣爱好、职业倾向等有所了解，通过综合分析评定个体特性与社会需求、职业需求之间的差异。要学以致用、练有所得，才能使身体、心理都得到健康的发展。如果未来职业需要你有强健的体魄、快速敏捷的神经功能，就选择运动量较大、能够体现快速多变的运动项目，如足球运动等。如果将来的职业需要你具有稳重、细心、平和的特质，而你的性格却是典型的A型行为模式，那么你应在职业需要与个人性格之间做一个中和，多参加一些太极拳等缓慢的有氧练习，以此磨炼自己的性格，逐步向职业需求的方向靠拢。

第三章

体育锻炼的益处

》 本章导言

体育锻炼不仅能强身健体，还能缓解现代社会中人们在高压力、快节奏下的紧张情绪，增进心理健康。人们参加体育活动，在运动中与人合作、同人竞争，不仅可以享受运动的乐趣，还能提高人们的社会适应能力。体育活动能激发人们的爱国热情，培养勇敢顽强的意志品质，并养成遵守规则的良好道德风范。

》 学习目标

1. 了解体育锻炼对生理健康的影响。
2. 了解体育锻炼对心理健康的影响。
3. 了解体育锻炼对社会适应能力的影响。
4. 了解体育锻炼对道德健康的影响。

第一节　体育锻炼对生理健康的影响

一、体育锻炼对运动系统的影响

体育锻炼能够预防骨骼肌、韧带、关节等器官的损伤和退化，使运动系统的功能得到改善。

（一）体育锻炼对骨的影响

体育锻炼使骨的血液供给得到改善，骨的形态结构和性能都会发生良好的变化；体育锻炼使骨密质增厚，骨骼变粗，骨小梁的排列更加整齐且有规律，骨骼各表面肌肉附着的突起更加明显。这些变化可使骨变得更加粗壮和坚固，从而提高骨的抗折、抗弯、抗压缩和抗扭转性。

（二）体育锻炼对关节的影响

体育锻炼既可增强关节的稳固性，又可提高关节的灵活性。关节稳固性的提高主要是体育锻炼增强关节周围肌肉力量的结果，也与关节和韧带的增厚有密切关系。关节灵活性的提高主要是关节囊韧带和关节周围肌肉伸展性增强的结果。

（三）体育锻炼对肌肉组织的影响

（1）体育锻炼能使肌纤维变粗，肌肉体积增大，因而肌肉显得发达、结实、健壮、匀称、有力。正常人的肌肉占体重的 35% ～ 40%，而经常从事体力劳动和体育锻炼者的肌肉可占体重的 45% ～ 55%。

（2）体育锻炼能使肌肉组织的化学成分发生变化，如肌肉中的肌糖原、肌球蛋白、肌动蛋白和肌红蛋白等物质的含量都有所增加。

（3）体育锻炼能使肌肉中线粒体数量增多，体积增大，毛细血管开放数量增多，有助于增强肌肉耐力。

二、体育锻炼对心血管系统的影响

体育锻炼对心血管系统的影响如下。

（1）体育锻炼对心血管的形态结构和机能有积极的影响。

（2）体育锻炼可影响血管的形态结构，并改变血管在器官内的分布状况。

（3）体育锻炼可以促使大量毛细血管开放。这对人体组织细胞的物质代谢过程，特别是脂质代谢过程起良好的促进作用，是身体健康的保障。

（4）体育锻炼可显著降低血脂含量（胆固醇、B脂蛋白、甘油三酯）。这会使得低密度脂蛋白减少，高密度脂蛋白增加。它对防治动脉硬化有着重要意义。另外，从事体育锻炼可增强血液抗凝血系统的功能，降低血液中尿酸含量，预防血小板的聚集发生血管栓塞。

（5）体育锻炼还可以使安静时脉搏徐缓、血压降低。

体育锻炼对心血管形态结构的影响

心血管机能的变化呈现特点

三、体育锻炼对呼吸系统的影响

体育锻炼能提高呼吸系统的机能。其主要表现为体育锻炼可使呼吸肌发达，最大通气量与肺活量增大。安静时，一般人呼吸浅而快，而经常锻炼者呼吸深而缓。一般成人的肺活量为 2500 ～ 4000 毫升，而经常锻炼者的肺活量可达 4500 ～ 6500 毫升。

此外，长期坚持锻炼可使人的缺氧耐受力增强，对氧的吸收利用率增高，使机体调节呼吸节奏的能力增强。

四、体育锻炼对人体中枢神经系统的影响

体育锻炼可以改善和提高中枢神经系统的工作能力，使中枢神经及其主导的部分大脑皮质兴奋增强，抑制加深，使兴奋和抑制更加集中，从而改善神经系统的均衡性和灵活性，提高大脑综合分析能力，增强机体适应变化和工作的能力。因此，经常从事体育锻炼者和运动员的灵活性强、反应速度快、反应时间短。

锻炼差异者的生理指标对比

第二节　体育锻炼对心理健康的影响

一、有助于调节情绪

情绪是人对客观事物是否符合自己需要而产生的态度体验，是心理健康最主要的指标之一。大学生常因学习的压力、同学之间的竞争、人际关系的复杂，以及对未来前程的担忧而产生紧张、焦虑、压抑和不安等情绪。大学生进行体育锻炼可以转移个体的不良情绪和行为，从而从烦恼和痛苦中解脱出来。

二、有助于形成和谐的人际关系

体育锻炼有助于
形成和谐的人际
关系

现代社会生活节奏的加快使人们越来越趋向于封闭的状态，从而造成人与人之间交流匮乏、人际关系疏远的现象。体育活动则打破了这种封闭状态，让不同职业、年龄、性别、文化素质的人相聚在运动场上，增加了彼此互动的机会，使平等、友好、和谐的交往成为可能。人们互相产生信任感，才能有效进行情感和信息交流，互相之间产生一种默契和交融。研究表明，增加与社会的联系会给个体带来心理上的益处。

三、有助于确立良好的自我概念

自我概念是个体主观上对自己的身体、思想和情感的整体评价，是由许许多多的自我认识组成的。自我概念与身体表象（指头脑中形成的身体图像）和身体自尊（个体对自己运动能力及身体外貌、身体抵抗力和健康状况的评价）有关。无论是男性还是女性，对身体表象的不满意都会使个体自尊感降低，并产生不安全感和抑郁症状。研究表明，肌肉力量与个体自尊、情绪稳定、外向性格、自信心呈正相关，并且加强力量训练会使个体的自我概念显著增强。坚持体育锻炼可使人的体格强壮、精力充沛，有效地改善人的身体表象和身体自尊，有助于人们确立良好的自我概念。

四、有助于形成良好的意志品质

意志品质指一个人的自觉性、果断性、坚韧性和自制力，以及勇敢顽强和独立自主的精神，是一个人行为特点的稳定因素的总和。意志品质需要个体在克服困难的实践过程中培养。个体进行体育活动就要不断克服客观困难（气候条件的变化、动作的难度或外部障碍等）和主观困难（如胆怯和畏惧心理、疲劳和运动损伤等），从而取得成功。体育活动参与者努力克服主观、客观方面的困难，获得锻炼意志的直接经验，可培养自身良好的意志品质。任务越困难，对个体意志锻炼的作用就越大。良好的意志品质对于人的活动（尤其是体育活动）效果具有重要意义。

五、有助于预防和治疗各种心理疾病

社会竞争的日趋激烈和生活压力的增大可能会使许多人产生悲观、失望的情绪，进而产生忧郁、孤独、焦虑等各种心理障碍。一个人参加某个运动项目并坚持锻炼，有助于改善生理机能、身体素质，并能掌握一些运动技能和技巧，并以自我的反馈方式将成就信息传递至大脑，从而获得自我成就的认知和情感体验，产生愉快、振奋的情绪和幸福感。因此，适宜的体育锻炼能使有心理障碍的个体获得心理满足感，产生成就感，从而增强自信心，摆脱压抑、悲观等消极情绪，并消除心理障碍。

体育锻炼有助于预防和治疗心理疾病

第三节 体育锻炼对社会适应能力的影响

一、增进友谊，促进交往

人是社会的人，要想适应社会就应处理好各种人际关系。在体育锻炼和各种竞赛中，人与人、队与队之间的频繁交往，不仅增进了友谊，促进了交往，还提高了人的交际能力和处理人际关系的能力。

二、适应环境，与时俱进

环境是人类赖以生存的场所。人们适应自己所处的各种环境，才能得以生存和发展，而体育对提高人体适应自然环境和社会环境的能力均有明显的效果。例如，在篮球比赛中，运动员所处的角色和位置是不断转换的。经常参加锻炼可以提高人们对社会环境和角色转换的适应能力；长期坚持体育锻炼还可提高人体调节体温的能力，使人体更快、更好地适应风、雨、寒、暑等自然环境的变化。

三、积极向上，奉献社会

当今社会，竞争无处不在。竞争标志着人类社会的进步和发展。体育比赛由于其鲜明的竞争性特征，决定了处于竞赛的双方运动员都要全身心地投入比赛中，动员机体发挥最大的机能潜力，并充分发挥技战术水平去奋力拼搏，争取胜利。经常参加各种体育比赛，会使人们逐渐形成一种不断进取、勇于拼搏、积极向上的精神，从而以积极的心态去面对生活，迎接挑战，奉献社会。

第四节　体育锻炼对道德健康的影响

一、振奋民族精神，激发爱国热情，培养道德健康

在当今世界，体育竞赛具有群众性、国际性、礼仪性等特点。通过体育竞赛，各国运动员切磋了技艺，增进了各国人民的团结和友谊。同时，体育竞赛能激发人们的斗志。2008年，我国成功举办了北京奥运会，受到世界各国人民的关注。在奥运会上，一个国家的运动员在比赛中的表现和他们所取得的成绩是一个国家和民族强大形象的反映。北京奥运会使中华民族精神得到了振奋，爱国精神得到了弘扬。

知识窗

"道德健康"是"新健康教育"的重要组成部分。它是以培养道德健康的社会公民为目的，通过运用健康管理的方法，以人文环境的改善为主，将校园环

境、功能环境的改善相结合，运用知识教学与环境塑造相结合的方式，注重从思想上与行为上培养公民高尚的道德修养。"新健康教育"要求配备专业的教师在学校举办道德健康讲座，开展各项活动，普及法律知识，让学生们通过爱自己、与老师换位思考逐步升华到爱家乡、爱祖国，在切身行动中加强道德观念修养，养成良好的道德行为习惯，最终成为道德健康的人。

二、培养勇敢顽强、不怕困难的意志品质

体育在很大程度上是与困难、艰辛、挑战、征服联系在一起的。在体育运动中，人要和自己挑战，和别人挑战；要征服自己，也要征服他人。这种对自我、对他人的征服，是一种自我能力的实现，这要求人不仅要有不怕困难、勇敢顽强的意志品质，还要有诚实、谦虚、冷静的优良作风。

三、培养遵纪守法、遵守规则的良好道德风范

体育比赛情况千变万化，个人之间、集体之间发生着频繁的互动，对运动员和裁判员在思想品德方面提出了较高的要求，也是一种严峻的考验。运动员必须遵守赛场纪律和比赛规则，尊重裁判，尊重对方，公平竞赛，提倡人与人之间要友爱。这些规范要求不仅适用于体育活动，也是我们每个人应具备的道德品质。

第四章

科学运动的原则与方法

》本章导言

虽然体育运动有很多益处，但是我们不能盲目进行体育锻炼。我们应在科学理论的指导下进行体育运动，根据个人的具体情况，遵循一定的体育运动原则，采取正确的锻炼方法，制订适合自己的运动处方。

》学习目标

1.了解体育运动的基本原则。
2.了解体育运动的基本方法。
3.了解体育运动的运动处方。

第一节 体育运动的基本原则

一、自觉积极性原则

自觉积极性原则是要求锻炼者在锻炼时首先要有明确的健身目标，懂得"生命在于运动"的道理，树立起锻炼有益于学习、工作和生活的信念。

定期检测锻炼效果的信息反馈，可以使锻炼者经常看到锻炼的结果和进步，增强自信心，有助于不断巩固和提高自觉锻炼的积极性。

知识窗

体育锻炼的原则是身体锻炼基本规律的反映，也是锻炼者安排锻炼计划、选择锻炼内容、运用锻炼方法所要遵循的原则。

自觉积极性
原则

二、从实际出发原则

从实际出发原则是指锻炼者根据体育锻炼的目的、内容、方法及自身的条件状况，选择适宜的运动负荷的原则。

运动负荷

三、持之以恒原则

锻炼效应具有不稳定性。当锻炼的系统性和连续性遭到破坏而出现间断或停顿时，锻炼者已获得的锻炼效应（机能水平提高、运动素质的发展、运动技能的形成与巩固等）就会逐渐消退以至完全丧失，甚至造成体质逐渐下降。

持之以恒原则

四、循序渐进原则

循序渐进原则是指体育锻炼者必须根据人体身心发展规律和个人的实际情况，在锻炼的内容、方法、运动负荷等方面逐步变化和增大，使机体功能不断得到改善

循序渐进原则

和提高。进行体育锻炼不能急于求成。

五、全面锻炼原则

全面锻炼原则

全面锻炼原则是指体育锻炼者应全面发展身体的各个部位和各个器官的机能，提高身体素质和基本活动能力，从而达到身心全面和谐的发展。

第二节　体育运动的基本方法

一、重复锻炼法

重复锻炼法的
重点

在运动锻炼的过程中，锻炼者多次重复同一练习，在两次（组）练习间安排相对充分的休息，从而增加负荷的锻炼方法叫重复锻炼法。此方法的关键是一次练习完毕后，间歇时间应当充分，这样可有效地提高锻炼者的无氧、有氧混合代谢能力，提高各种技术应用的熟练性与机体的耐久性。

在重复锻炼中，如何控制负荷量和如何重复锻炼才能达到理想效果的负荷强度，应视实际情况而定。通常认为，普通大学生的负荷心率在 130～170 次 / 分是较适宜的；负荷心率低于 130 次 / 分则健身效果不大，应增加重复次数；心率超过 170 次 / 分则需减少重复次数，或者安排足够的间歇时间。

二、间歇锻炼法

在运动锻炼的过程中，对多次锻炼时的间歇时间做出严格规定，使机体在不完全恢复状态下反复进行锻炼的方法叫作间歇锻炼法。此方法的关键是严格控制间歇时间，使机体处于不完全恢复状态；每次练习的负荷时间较长、负荷强度适中。间歇锻炼法可明显增强锻炼者的心脏功能，通过调节负荷强度，可使机体各机能产生与锻炼项目相匹配的适应性变化，提高有氧代谢能力，增强体质。

同重复锻炼法一样，间歇锻炼法的时间也要依据负荷的有效价值标准去调节。一般来说，当负荷反应（心率）指标低于有效价值标准时应缩短间歇时间，当高于有效价值标准时应延长间歇时间。实践中，锻炼者心率一般在 130 次/分左右时，就应再次开始锻炼。间歇时，不要做静止休息，而应边活动边休息，如慢走、放松手脚、伸伸腰或做深而慢的呼吸等。因为轻微活动可使肌肉对血管起到按摩作用，帮助血液回流和排除代谢所产生的废物。

总之，锻炼者在进行适当间歇时，应把负荷量调节到负荷有效价值标准，以追求良好的锻炼效果。

三、连续锻炼法

在运动锻炼的过程中，锻炼者为了保持有价值的负荷量而不间断地连续进行运动的方法叫连续锻炼法。此方法要求负荷强度较低，负荷时间较长，锻炼者须无间断地连续进行运动。连续、间歇、重复都是在整个锻炼过程中实现的。连续、间歇、重复等因素各有其特有的作用。连续的作用在于使负荷量持续不下降，维持在一定的水平上，使身体充分地感受运动的作用。

连续锻炼时间的长短，同样要根据负荷的有效价值标准来确定。通常认为在140次/分左右的心率下连续锻炼 20～30 分钟，可使机体的各个部位都长时间地获得充分的血液和氧的供应，因而能有效地发展有氧代谢能力，发展耐力素质。实践中，适用于连续锻炼法的运动主要是那些比较容易并已为锻炼者所熟悉的运动，如跑步、游泳，也可以是跳街舞等。

四、循环锻炼法

循环锻炼法由几个不同的练习点（或称作业站）组成。锻炼者按照既定顺序和路线，依次完成每个点的练习任务，即一经完成一个点上的练习，锻炼者就迅速转移到下一个点，下一个锻炼者依次跟上。锻炼者完成各个点上的练习，就算完成了一次循环。这种练习方法就叫循环锻炼法。其结构因素有每点的练习内容、每点的运动负荷、练习点的安排顺序、练习点之间的间歇、每遍循环之间的间歇、练习的点数与循环练习的组数。

循环锻炼法
的运用

循环锻炼法对技术的要求不高，并且各项目都采用较小强度的负荷练习，因此练习起来简单有趣，可有效地提高不同层次和水平的锻炼者的运动情绪和积极性；可以合理地增大锻炼过程的练习密度；可以随时根据具体情况加以调整，做到区别对待；可以防止局部负担过重，延缓疲劳的产生，交替刺激不同体位，有利于综合锻炼，从而达到全面发展的效果。

五、变换锻炼法

通过不断变换运动负荷、练习内容、练习形式及条件，以提高锻炼者的积极性、适应性及应变能力的方法称作变换锻炼法。此方法可以有效地调节锻炼者的生理负荷，增强兴奋性，强化锻炼意识，克服疲劳和厌倦情绪，以达到提高锻炼效果的目的。

例如，锻炼者刚参加锻炼时，可多做些诱导性练习和辅助性练习。随着锻炼水平的提高，应加大练习的难度，如用越野跑代替在田径场的长跑等。锻炼条件的变化可使锻炼者的大脑皮层不断地产生新异的刺激，增强兴奋性，激发锻炼的兴趣，从而提高机体对负荷的承受能力，提高锻炼效果。另外，不断地对锻炼者的锻炼内容、时间、动作速率等提出新的要求，可有效地调节生理负荷，使机体不断产生适应性变化，有效地达到锻炼身体的目的。

六、负重锻炼法

负重锻炼法是锻炼者使用杠铃、哑铃、沙袋等重物进行身体运动来锻炼身体、增强体质的方法。负重锻炼法既适用于普通人为增强体质而锻炼身体，又适用于各项运动员进行身体训练，还适用于身体疾患者进行康复。

锻炼者一般进行负重锻炼，应该采用最大摄氧量和最大心血输出量以下的负荷。因为过大的负荷可能会给心血管和呼吸系统带来不良的影响。为了保证这种锻炼方法对身体的良好作用，锻炼者可在运动负荷的有效价值标准范围内多次重复或连续。

第三节　运动处方

一、运动处方的概念

早在 20 世纪 50 年代，美国生理学家卡波维奇就曾提出过运动处方（Exercise Prescription）的概念。1969 年，世界卫生组织开始使用"运动处方"这一术语，从而这一术语在国际上得到认可。运动处方的完整概念可概括为"运动处方制订者针对从事体育锻炼者或病人，根据医学检查资料（包括运动试验及体力测验），按其健康、体力及心血管功能状况，结合生活环境、条件，以及运动爱好等个体特点，用处方的形式规定适当的运动种类、时间及频率，并指出运动中的注意事项，以便个体有计划地经常性锻炼，达到健身或治病的目的，即为运动处方。"

知识窗

运动处方由四个要素构成，即合理的运动项目——选择什么运动项目最适合；合理的运动强度——运动的激烈程度应为多大；合理的运动时间——每次运动应持续多长时间；合理的运动频率——一周应锻炼几次。

二、制订运动处方的基本原则

（一）个性化原则

由于每个人的身体条件千差万别，处方是不可能通用的。因此，必须根据每个人的具体情况而定，做到因人而异，区别对待。

（二）动态性原则

每个人的身体或客观条件都经常处于动态性变化中。严格地说，上周的处方就不一定适合本周使用。因此，运动处方要依据情况变化不断地进行调整，使之符合变化后的实际情况。

（三）体质的基础性原则

在制订运动处方时，体质要素比性别和年龄要素更为重要。以体质情况为基础并参考其他要素制订的运动处方才是最适宜的。

（四）安全和有效性原则

为了提高全身耐力水平，运动必须达到改善心血管和呼吸系统功能的有效强度，这就是靶心率范围。运动如果超过这个有效强度的上限，就可能有危险。此运动强度或运动量界限被称为安全界限，而达到这个有效强度的下限被称为有效界限。安全界限和有效界限之间的范围，就是运动处方安全而有效的强度范围。

三、运动处方的内容

（一）运动频率

运动频率指每周的锻炼次数。每周锻炼几次为好？有的研究结果是，当每周锻炼次数多于3次时，最大摄氧量的增加逐渐趋于平坦；当每周锻炼次数增加到5次以上时，最大摄氧量的增加就很小；当每周锻炼次数少于 2 次时，通常最大摄氧量没有改变。由此可见，每周锻炼 3 ～ 5 次是最适宜的频率。但由于运动效应的蓄积作用，间隔不宜超过 3 天。锻炼者如果进行一般健身保健，能坚持每天锻炼 1 次当然更好。

关于必要的运动频率，据日本池上教授的研究结果：一周运动 1 次，运动效果不蓄积，身体每次都发生肌肉酸痛和疲劳。运动后 1 ～ 3 天，身体不适且易发生损伤事故；一周运动 2 次，疼痛和疲劳减轻，效果一点一点蓄积，但不显著；一周运动 3 次，基本上是隔日运动，不仅效果可充分蓄积，身体也不会产生疲劳。如果频率增加为每周 4 次或 5 次，效果也相应提高。

（二）运动强度

运动强度是单位时间内的运动量，反映运动的剧烈程度。它是运动处方定量化与科学性的核心问题。运动强度可用每分钟的心率来表示。一般认为，大学生心率 120 次 / 分以下为小强度，120 ～ 150 次 / 分为中强度，150 ～ 180 次 / 分或 180 次 / 分以上为大强度。测量运动强度的简单办法是，测量运动后 10 秒内的脉搏数再乘以 6，就是 1 分钟的心率。

适宜运动强度范围可用靶心率来控制，即以本人最大心率的 70% ～ 85% 的强度作为标准。靶心率：（220 － 年龄）×（70% ～ 85%）。例如，20 岁的靶心率是 140 ～ 170 次 / 分。

最适宜运动心率：心率储备 ×75% + 安静时心率。其中，心率储备 = 最大心率 － 安静时心率；最大心率 = 220 － 年龄。

（三）运动类型

运动主要分为有氧运动、伸展运动及健身操和力量性运动三种。

第一类为有氧运动（主要为耐力性运动项目）：步行、慢跑、走跑交替、游泳、骑自行车、滑冰、越野滑雪、划船、跳绳、上下楼梯及骑室内功率自行车、步行车、活动平板（跑台）等。

第二类为伸展运动及健身操：广播体操、太极拳、五禽戏、八段锦、健身迪斯科、跳舞及各种医疗体操和矫正体操等。

第三类为力量性运动：采取中等强度的、足以发展和维持去脂体重（用皮褶计测量皮下脂肪厚度，利用相应公式推算人体脂肪含量，人体体重减去人体脂肪重量即为去脂体重）的力量训练，应当成为成人身体素质训练计划的一个组成部分。美国运动医学会推荐的力量训练主要是肌群参与，每次训练 8 ～ 10 组，每组重复 8 ～ 12 次，每周至少训练 2 次。

（四）运动时间

运动时间指每次持续运动的时间。由于运动时间和运动强度的乘积决定运动

运动处方

运动时间与运动
强度的配合

量，即使等量的运动量，因运动目的不同也会有运动强度和时间都不同的处方。对于以健身为目的的运动，强度小而时间长的处方效果较好（特别适合中老年人）；对于大学生来说，反复多次、短时间激烈运动的处方对增进健康有很好的作用。

从运动生理来说，5分钟是全身耐力运动所需的最短时间，60分钟对于坚持正常工作的人是最大限度时间。研究认为，当心率达到150次/分以上时，锻炼者最少持续5分钟运动即开始收到效果；如果心率在150次/分以下，则锻炼者需要5分钟以上的运动才会收到效果。

一次必要的运动时间应根据运动强度、运动频度、运动目的、年龄及身体条件的不同而不同，不能一概而论。同时为了给予呼吸系统、循环系统有效的刺激，使各种生理功能充分动员起来，还要考虑从运动开始至达到恒常运动所需要的时间。对于一般达到恒常运动的时间，轻运动时需5分钟左右，强运动时需3分钟左右。由此可见，5分钟以内的运动对呼吸系统、循环系统的刺激是不充分的。因此，锻炼者在达到恒常运动以后需要继续运动一段时间，这样合计运动时间为10分钟以上，再加上准备活动及整理活动至少需要5～8分钟，最终实际所需要的时间为15～20分钟。这是比较可行的运动时间的最低限度。

一次锻炼的构成

四、制订运动处方的步骤

第一步，一般体检。① 了解运动的目的及对运动的期望；② 询问病史，如既往病史、家族病史；③ 运动史，如运动爱好、现在的运动情况等；④ 社会环境条件，如职业、工作与劳动条件、生活环境、经济条件、营养条件等，周围能够利用的运动设施，有无指导等。

第二步，临床检查（包括人体测量和体脂测定），这里所指的临床检查相当于成人病的检查。检查的目的：① 对现在的健康状况进行评价；② 判断能否进行运动；③ 是否有潜在性疾病或危险因素，以预防事故。总之，临床检查的基本目的在于掌握个人的状况，为制订运动处方提供必要的信息。

第三步，运动负荷试验和体力测验。运动负荷试验是制订运动处方的基本依据之一。运动负荷试验的方法很多，可根据检查的目的、被测者的特点来选择合适的方法。现在最普遍的方法是"递增负荷运动试验"。这个试验利用活动平板或功率自行车等，在试验过程中逐渐增加运动负荷强度，同时测定某些生理指标，指导被测者达到一定的用力程度。

运动处方示例

第四步，制订运动处方，安排锻炼计划。通常医生应根据以上的检查结果，结合个人的健康状况、体力水平及运动能力的限度等具体情况制订运动处方。处方中主要规定运动强度和保证安全的一次必要运动量（运动时间）及一周的运动频率等内容。锻炼者一般按照初定的运动处方试行锻炼，对于不适当的地方可进行调整，待适合后要坚持锻炼3～6个月再做体力测验，并重新制订长期的运动处方，

12分钟跑和12分钟游泳测验评定标准

以不断提高锻炼效果。

第五步，善后工作和复查。原则上医生要当面为个人制订运动处方，不宜只按体检资料或由他人代办。首先，医生要向个人说明医学检查结果的概要，要正确对待体检异常的结果。其次，指出注意事项，进行运动教育和咨询指导。再次，医生隔一段时间要与个人接触，询问其运动情况，判断有无副作用或疲劳。由于有些人中途停止运动，医生可要求其做运动处方锻炼日记，并每隔一两周到门诊咨询一次。最后，至少一年全面复查一次，总结一年的运动实施情况，评价这期间的运动效果，必要时进一步完善运动处方。

第五章

营养与体重控制

>> 本章导言

　　适当的营养可以补充运动过程中消耗的能量、维生素和无机盐，同时可以避免运动过度对身体造成伤害。合理的营养状态不仅有利于身体健康，还有利于心理健康。体重控制就是管理好自己的体重，通过饮食的调节、生活习惯的改变、合理的运动等达到健康体重的目标。

>> 学习目标

1. 了解营养素。
2. 注意合理膳食。
3. 学会正确、合理地控制体重。

第一节 营养素与合理膳食

一、营养素

　　人体所需的营养素近50种，通常分为七大类，即蛋白质、脂肪、糖（碳水化合物）、维生素、无机盐、水和膳食纤维（表5-1-1）。正是这些营养素提供的充足的能量保证了人体各个器官的正常运转。

　　合理的营养状态不仅有利于身体健康，还有利于心理健康。因为体内各种营养素均衡的供给，使神经、内分泌等处于优良状态，可使人心情愉悦，精神振奋，情绪高涨，这对消除人们不良的心境、缓解心理压力大有益处。

知识窗

　　营养是指人体从外部环境摄取、消化、吸收与利用食物的综合过程。食物的营养功能是通过食物所含的营养成分来实现的，这些有效的营养成分被称为营养素。

表5-1-1　七大营养素的功能与食物来源

营养素	功　　能	食物来源
蛋白质	构成和修补机体组织；构成酶、激素与抗体；调节体内水分正常分布、体内酸碱平衡，传递遗传信息等	含量较高的有肝、蛋、瘦肉、豆及豆制品、奶及奶制品；含量中等的有米、面；含量较少的有瓜果、蔬菜
脂　肪	供给能量，构成机体组织成分的重要物质，供给必要脂肪酸；维持体温、保护肝脏，是脂溶性维生素的重要来源；增加饱腹感，改善膳食的感官性状	动物性脂肪：奶油、奶酪、蛋、鲜奶油、腊肉、猪肉、鱼、鱼肝油、肉类脂肪等
糖	人体重要的能量来源；构成人体的重要物质；节约蛋白质作用；抗酮作用；增强肝脏的解毒能力	谷类、薯类、豆类、坚果类（如栗子、菱角等）、食糖、蔬菜和水果除了含少量单糖外，还含有维生素和果胶

营养素	功　能	食物来源
维生素	有助于骨骼生长发育，增强机体抗感染能力；抗氧化、保护细胞；维持神经和消化系统的正常功能；降低胆固醇；参与新陈代谢，阻断某些物质的致癌作用	乳制品、蛋类、海鱼、谷类、豆类及各种新鲜蔬菜和水果
无机盐	构成人体组织，如钙、磷、镁，是骨骼和牙齿的主要成分；维持体内水分正常分布、酸碱平衡和神经肌肉的兴奋性，是一些酶的激活剂和组成成分	钙：奶及奶制品、虾皮、海带、大豆及其制品、芝麻、酱、油菜、芹菜等
水	运输功能、调节体温、润滑功能等，是一切生理过程和生物化学变化必不可少的介质	饮用水（包括茶水、汤和其他液体）、食物水（食物中包含的水）、代谢水（由碳水化合物、蛋白质、脂肪在体内氧化分解产生的水）
膳食纤维	促进肠蠕动，利消化、防便秘；预防癌症，降低血胆固醇水平，预防胆石症和冠心病；减少能量摄入，防止能量过剩；降低牙周炎的发病率	玉米、糙米、全麦粉、燕麦、干豆类及各种蔬菜和水果

二、平衡膳食

健康膳食又称平衡膳食，是指膳食中所含营养素种类齐全、数量充足、比例适当，并且与人体的需要保持平衡，又不会导致热量过多摄入。健康膳食的目的是促进人体正常生长发育，确保各组织器官和机能的正常活动，提高人体对疾病的抵抗力，进而提高工作效率，延长寿命。

现代医学研究证明，人类各种疾病的发生，或多或少都与人体内营养平衡失调有关，如心血管疾病与钾、镁、锌低而铜高有关；高血压与钠高钾低镁不足有关；脑血管病与钙、镁、锌、硒不足有关。因此，人体营养平衡至关重要。随着当今科技日益发达，化肥、农药被广泛使用，食物添加剂在食品加工中的应用越来越频繁，高科技生物食品不断开发，保健食品的种类越来越多，并且食品的加工越来越精细。因而在当今人类面临着营养失调日趋严重的状况下，健康膳食就越显得尤为重要。

（一）居民健康膳食指南

近年来我国城乡居民的膳食状况明显改善，儿童青少年平均身高增加，营养不良患病率下降，但贫困农村仍存在着营养不良的问题。同时，我国居民膳食结构及生活方式也发生了重要的变化，与之相关的慢性非传染性疾病，如肥胖症、高血压、糖尿病、血脂异常等患病率增加，已成为威胁国民健康的突出问题。

为给居民提供最根本、准确的健康膳食信息，指导居民合理膳食、保持健康，中国营养学会受卫生部委托于 2006 年成立了《中国居民膳食指南》修订专家委员会，对中国营养学会 1997 年发布的《中国居民膳食指南》进行修订。经过多次论证、修改，并广泛征求相关领域专家、机构和企业的意见，最终形成了《中国居民膳食指南（2016）》（简称《指南》）。

《指南》以最新的科学证据为基础，论述了当前我国居民的营养需要及膳食中存在的主要问题，建议了践行平衡膳食、获取合理营养的行动方案，对广大居民具有普遍指导意义。

一般人群膳食指南

（二）中国居民平衡膳食宝塔

中国居民平衡膳食宝塔（简称膳食宝塔）是根据《中国居民膳食指南》的核心内容，结合中国居民膳食的实际状况，把平衡膳食的原则转化成各类食物的重量，便于人们在日常生活中实行。

1. 中国居民平衡膳食宝塔说明

（1）中国居民平衡膳食宝塔结构如图 5-1-1 所示。

膳食宝塔共分五层，包含我们每天应吃的主要食物种类。膳食宝塔各层位置和面积不同，这在一定程度上反映出各类食物在膳食中的地位和应占的比重。新的膳食宝塔图增加了水和身体活动的形象，强调足量饮水和增加身体活动的重要性。

（2）膳食宝塔建议的食物量。

膳食宝塔建议的各类食物摄入量都是指食物可食用部分的生重。各类食物的重量不是指某一种具体食物的重量，而是一类食物的总量。

盐	<6克
糖	<50克
油	25～30克
奶及奶制品	300克
大豆及坚果类	25～35克
畜禽肉	40～75克
水产品	40～75克
蛋类	40～50克
蔬菜类	300～500克
水果类	200～350克
谷薯类	250～400克
全谷物和杂豆	50～150克
薯类	50～100克
水	1500～1700毫升

每天活动6000步

图 5-1-1 中国居民平衡膳食宝塔
资料来源：中国营养学会

2. 中国居民平衡膳食宝塔的应用

（1）确定适合自己的能量水平。

膳食宝塔中建议的每人每日各类食物的适宜摄入量范围适用于一般健康成人。人们在实际应用时要根据个人年龄、性别、身高、体重、劳动强度、季节等情况适当调整。

（2）根据自己的能量水平确定食物需要。

膳食宝塔建议的每人每日各类食物的适宜摄入量范围适用于一般健康成年人，并按照 7 个能量水平分别建议了 10 类食物的摄入量。人们在应用时要根据自身的能量需要进行选择。

（3）食物同类互换，调配丰富多彩的膳食。

人们应用膳食宝塔可把营养与美味结合起来，按照同类互换、多种多样的原则调配一日三餐。

（4）要因地制宜地充分利用当地资源。

我国幅员辽阔，各地的饮食习惯及物产不尽相同。人们要因地制宜，充分利用当地资源才能有效地应用膳食宝塔。

（5）要养成习惯，长期坚持。

膳食对健康的影响是长期的结果。应用平衡膳食宝塔需要养成习惯，并坚持不懈，才能充分体现其对健康的促进作用。

第二节　体重控制

一、体重控制的理论基础

（一）体重的组成

人体体重由两部分组成：脂肪体重和去脂肪体重（瘦体重）（表 5-2-1）。去脂肪体重主要是肌肉、骨骼、软组织和水分及其他非脂肪组织，它与体力、有氧能力及最大摄氧量呈正相关。运动员为比赛减轻体重的理想方法是尽可能减去多余脂肪组织而保留瘦体重和糖原储备。因此，运动员在减控体重时期要定期检测身体成分的变化。

表 5-2-1　人体体重组成及其正常含量

性　别	脂肪体重含量	瘦体重含量	身体总水分含量
男　性	15%～20%	80%～85%	瘦体重%×0.72
女　性	20%～30%	70%～80%	瘦体重%×0.72

（二）适宜体重

1. 体重与身高适宜匹配

根据大量研究和数学回归计算，得出反映中国成年人身高与健康体重之间科学关系的公式，再利用公式计算出的体重称为标准体重（千克），公式如下。

$$成年男性标准体重＝（身高－100）×0.9 \qquad ①$$
$$＝身高－100 \qquad ②$$
$$＝身高－105 \qquad ③$$
$$＝身高－110 \qquad ④$$
$$成年女性标准体重＝上述各公式－2.5 \qquad ⑤$$

身高低于165厘米，使用式②；身高在166～175厘米，使用式③；身高高于176厘米，使用式④。

考虑到南方人与北方人在体型上的差别，有研究对公式①进行修正。

$$北方人标准体重＝（身高－150）×0.6＋50 \qquad ⑥$$
$$南方人标准体重＝（身高－150）×0.6＋48 \qquad ⑦$$

2. 适宜的体重指数

体重指数（BMI）是用体重（千克）除以身高^2（米^2）得出的数字，是目前国际上常用的衡量人体胖瘦程度及是否健康的一个标准。

$$体重指数（BMI）＝体重/身高^2（千克/米^2）$$

（三）体重的影响因素和体重调节

成年人体重的主要影响因素包括遗传因素、食欲、能量代谢和热量生成、膳食组成、生长发育和生育、运动对于体重控制的作用、其他因素等。次要的影响因素包括气温条件、体型、心理和文化因素等。

1. 遗传因素

在个体正常的体重范围内，遗传因素是体重的决定性因素，包括身高、瘦体重、身体脂肪含量及脂肪的局域分布，以及基础代谢率和对身体脂肪的利用。

在身体脂肪含量和脂肪的局域分布方面，大量的研究说明个体之间的差异不仅是多基因复杂体系的相互作用，还是基因与环境因素的相互作用。这些环境因素包括习惯性的体力活动水平、膳食脂肪摄入量、饮酒等。这些环境因素会对骨骼肌和脂肪组织的利用和脂肪的储存产生明显影响。

中国成人体重指数分级与腰围界限值及相关疾病危险关系

腹型肥胖

2. 食　欲

脑中存在多个相互联系的控制食欲的神经中枢，调节和控制个体的食物摄入量；胃肠道感受食物摄入量并向大脑传入相应信息；肝脏的糖原和脂肪代谢状态也能向大脑传递相关信息，引起饱腹感或饥饿感；肾上腺糖皮质激素、胰岛素、瘦素等内分泌激素也影响和调节食欲。这些机制相互联系，组成复杂的调节系统，共同调节人的食欲和食物摄入量，是控制和调节体重的基础生物学因素。

3. 能量代谢和热量生成

在人体膳食能量摄入中，碳水化合物主要在肝脏和骨骼肌中以糖原的方式储存，几乎不被转化为脂肪。人体若偶尔摄入大量的碳水化合物（如在一餐中超过500克），可以通过暂时扩大糖原储备来解决。蛋白质中的氨基酸成分被全身各组织利用，多余的蛋白质一部分转化为葡萄糖或糖原，极少部分可能转化为脂肪。膳食脂肪成分被吸收后主要储存在脂肪组织。人体的糖原储备数量有限，糖原储备过量或不足对体重没有明显影响。

在人体的能量生成支出中，基础代谢部分主要来自葡萄糖的氧化分解，很小部分来自脂肪的分解；用于食物成分消化吸收的食物热效应能量也主要来自葡萄糖的氧化分解。在日常的中低强度体力活动中，骨骼肌的能量消耗主要来自脂肪的氧化分解，随体力活动时间的加长消耗更多的脂肪；在人体饥饿和禁食状态下，人体组织通过利用大量脂肪提供能量。

由于人体充足的脂肪储备，几天内或短期之内脂肪的消耗对体重的影响并不明显。从能量代谢角度看，正常情况下，除了人体肌肉质量的变化影响体重外，脂肪组织中脂肪的储存量和消耗量是影响体重变化的主要变量因素。

4. 膳食组成

膳食组成中，高碳水化合物成分有利于减少脂肪的利用，高脂肪成分会明显造成脂肪的储存。事实上，在膳食摄入和人体成分中，人体会自动维持蛋白质和碳水化合物的平衡，因而膳食摄入脂肪的数量和人体消耗脂肪的数量会对体重产生明显影响。限制膳食脂肪摄入和足够的肌肉运动量以增加肌肉中脂肪的消耗，是体重调节和长期体重控制的关键。膳食总能量中，一般情况下脂肪摄入量限制在占总能量30%以下。对于控制体重和肥胖人群来说，脂肪摄入量限制在占总能量25%以下至20%是可行的。

5. 生长发育和生育

在青春期，人体快速发育，身高和体重快速增加。在青春期末，女孩身体脂肪含量明显增加。青春期过多的脂肪摄入易造成青少年身体脂肪快速积累，造成超重甚至肥胖，对健康有负面影响；但是青春期的女孩过分节食也会对健康和发育造成严重的不良影响。

青少年应保持健康的体重和合理的体脂含量。青少年人群处于快速生长发育期，由于存在偏食、能量摄入和脂肪摄入过多，或者贫困地区青少年可能存在蛋白质摄入不足等问题，他们是发生体重不足和超重、肥胖的高危人群，并且会对身体健康产生较严重的负面影响。加之不良生活方式的影响，如体力活动严重不足，电视、网络、游戏等占用青少年大量时间，已经成为影响青少年生长发育和健康的全球性问题。

女性在孕期会增加身体脂肪积累，用来帮助生产之后分泌乳汁，也提高了引起超重和肥胖的风险。但是女性在孕期不宜进行体重控制。

6. 运动对于体重控制的作用

身体活动是体重控制的关键因素。规律的身体活动和体育锻炼可以使人体瘦体重保持稳定；体力活动促进身体脂肪的消耗增加。体力活动与膳食营养相结合是减少身体脂肪含量最有效的手段。

7. 其他因素

当人体长期处于寒冷环境中时，人体脂肪含量增加；体型审美的文化和心理因素也对人体体重有影响；极端的节食行为和暴饮暴食等因素会对体重产生明显影响。

体重控制

（四）体重控制

体重控制包括增加体重、维持健康体重和减轻体重，以预防发生超重和肥胖。

体重控制的主要因素包括健康的生活方式、合理膳食营养、体力活动与体育锻炼。影响体重的因素十分复杂，包括生理因素、心理因素、生活方式与行为习惯、膳食营养摄入、体力活动和社会文化因素，以及一些其他特殊因素。这些因素之间发生交互作用，使体重控制更加复杂，而非简单的能量摄入与能量消耗之间的平衡问题。

体重并不能够完全被人控制。上述因素当中，有的因素可以改变，有的因素却无法改变。可以改变的因素包括：膳食食物的数量和质量，体力活动的频率、强度和时间，健康的生活方式和情绪状态。对于个体来说，通过对具体情况进行分析，对可以改变的因素进行调节控制，从有益于身体健康和培养健康的生活行为方式出发，与合理的膳食营养相结合，既可以改善健康状态，也可以改变和控制体重。

二、肥胖的预防与治疗

（一）肥胖的预防

肥胖的治疗比较困难。对于超重和肥胖，重点在于预防。因此，应当树立肥胖是可以预防和控制的、可以通过改变生活方式来抗衡某些遗传因素的正确观念；充分认识肥胖的危害性，避免引起肥胖的各种因素发生；形成良好的生活方式，使体重保持在正常范围内。

1. 知识预防

接受健康教育，学习有关肥胖症知识；了解健康体重的概念，知晓肥胖的危害和肥胖的产生原因；掌握评价肥胖的方法与标准及控制肥胖的方法。

2. 饮食预防

有肥胖遗传基因者和有肥胖预兆者要尤其做好饮食预防工作。

（1）多补充含有丰富烟酸、维生素 B$_2$、维生素 B$_6$ 等营养素的食物，促使体内脂肪释放能量。

（2）多补充水，以利于脂肪溶解。如果体内水摄入缺乏，脂肪就会沉积。因此，有肥胖基因或有肥胖趋势的人，每日最好喝 8 杯（约 2000 毫升）凉白开，应"多次少量"，忌一次多量。

（3）少吃高脂肪、高热量的食物，少吃味精、胡椒、盐、糖等易刺激食欲的调味品，多吃蔬菜；鼓励摄入低能量、低脂肪、含有适量蛋白质和碳水化合物、富含微量元素和维生素的膳食。

（4）烹调最好多采用蒸、煮、炖和凉拌等方式。

（5）少食多餐，每日 4～5 餐，每餐七八分饱，最好常喝粥。

（6）餐前喝汤；进餐时，细嚼慢咽，每口饭最好咀嚼 30 下左右；正餐的进食时间最好不少于 20 分钟。

（7）食物的品种要丰富，但每种摄取量不宜多。

（8）早餐吃饱、吃好，难消化的肉、禽、蛋类等荤食应在早、午餐食用；晚餐宜少、宜早，安排在晚上 6 点左右为好；餐后散步，进餐与睡觉最好间隔三四个小时；不加夜宵。

（9）避免滥用含有激素的营养滋补品。

（10）一日三餐的热量分配比例保持在早餐占 30%、午餐占 40%、晚餐占 30% 为最佳。

3. 运动预防

适量的运动有助于预防肥胖，如做广播操、打太极拳、跳交谊舞、跳绳、爬山、登楼、快走等，能消耗脂肪，同时可保持肌肉。对于减肥的活动，无论是什么运动项目，采取中低强度进行运动是关键。因为减肥不仅减体重，还减体脂；长时间、中低强度的运动能最大限度地消耗脂肪。减肥是一个长期的过程，需要减肥者有目的、有计划地进行。对于没有时间参加运动的人，建议增加一些日常体力活动，尽可能地每天都活动，如可以用骑自行车或步行代替乘车，以站立代替静坐，以爬楼梯代替乘电梯，饭后步行，少看电视等，从而养成活动的习惯，树立终身运动的观念。

4. 生活方式预防

（1）坚持作息规律，不贪睡；积极改善生活方式，包括改变膳食、增加体力活动、矫正过度进食或活动不足的行为和习惯。

（2）注意保持体重，经常测量体重、腰围、臀围。

（3）避免"饱食终日，无所事事"，以免"心宽体胖"。同时，在日常生活中要注意多活动手脚，可增加一些"非锻炼耗能"的小动作。

（二）肥胖治疗与控制

肥胖治疗的目标是减轻体重，减少各种与肥胖相关的并发症。肥胖治疗的基本方法与措施主要是控制饮食和增加体力活动和体育锻炼，必要时辅以药物或手术治疗。治疗时应根据个人的情况，制订适合本人的治疗方案。

肥胖患者的饮食方案示例

1. 饮食控制

饮食控制主要是通过调整膳食结构、改变饮食习惯和控制总进食量，使热量摄入减少。控制饮食，应避免吃过多油腻食物和零食，少吃油炸食品、点心和盐；控制食欲，吃七分饱即可，减少加餐，不暴饮暴食；进食应有规律，每日三餐应合理安排，不要一餐过饱，也不要不按时进餐或不吃；尽量少饮用含糖饮料，养成每日饮用白开水或茶的习惯。

专家们建议，肥胖症患者减重不宜操之过急，宜采用降低能量摄入并积极参加中等强度体育锻炼的方法，使体重缓慢地降低；每天膳食中的热量可比原来日常水平减少 1/3 左右，或者比原来每日习惯摄入的能量低 1260 ～ 2100 千焦（300 ～ 500 千卡）。同时，专家们对低能量减重膳食提出了标准，即女性一般为 4200 ～ 5040 千焦（1000 ～ 1200 千卡）/天，男性一般为 5040 ～ 6720 千焦（1200 ～ 1600 千卡）/天。

2. 体力活动和体育锻炼

合理的有氧运动不仅能增加能量消耗，还可增进心肺系统健康，减少肥胖并发症。如果肥胖者能在减重后继续保持体育锻炼，体重就不容易反弹；如果能配合科学的饮食控制，则减肥的效果会更好。

三、消瘦的预防与治疗

对于瘦人来说，增肥是很有必要的。增肥不仅在于适当增加机体的皮下脂肪，还在于使肌肉和体魄更加强健，即增肥不仅要纠正"瘦"，还要纠正"弱"。体育锻炼是实现这一目的的最好方法。消瘦者在锻炼的过程中要注意以下几点。

（一）合理安排运动量

运动量的安排是科学锻炼的重要环节之一。实践证明，消瘦者应以中等运动量（每分钟心率在 130 ～ 160 次）的有氧锻炼为宜，器械重量以中等负荷（最大肌力的 50% ～ 80%）为佳。时间安排可每周练 3 次（隔天 1 次），每次 1 ～ 1.5 小时。每次练 8 ～ 10 个动作，每个动作做三四组。做法是快收缩、稍停顿、慢伸展。连续做一组动作的时间为 60 秒左右，组间间歇 20 ～ 60 秒，每种动作间歇一两分钟。一般情况下，每组应能连续完成 8 ～ 15 次。

（二）打好基础

消瘦者在初级阶段（两三个月）最好能到健美培训班学习锻炼，以便正确、系统地掌握动作技术，全面提高身体素质。特别要关注肌肉力量和耐力的锻炼，以逐步提高机体的适应能力，为以后的锻炼打下良好的基础。

（三）有重点和针对性地训练

消瘦者经过两三个月锻炼后，体力会明显增强，精力也会比以前充沛。这时，应重点锻炼大肌肉群，如胸大肌、三角肌、肱二头肌、肱三头肌、背阔肌、臀大肌和股四头肌等，要随之调整运动量。另外，对于同一个部位的肌群，消瘦者可采用不同的动作、不同的器械进行锻炼。一般情况下，练习动作一个半月到两个月变换一次。此外，锻炼时精神（意念）要集中于所练部位，切忌谈笑、听音乐等。这样，再坚持半年到一年，体形就会发生显著的变化。

（四）少练其他项目

消瘦者进行健美锻炼时，最好少参加其他运动项目的长时间锻炼，特别是耐力性项目的运动，如长跑、踢足球、打篮球等。因为这些运动项目消耗能量较多，不利于肌肉的增加，消瘦者会越来越瘦。

（五）合理膳食

人摄入的能量大于消耗的能量才能变胖。因此，消瘦者的膳食调配一定要合理、多样，不可偏食。平时除了食用富含动物性蛋白质的肉、蛋、禽类等以外，还要适当多吃一些豆制品及赤豆、百合、蔬菜、瓜果等。如果消瘦者的饮食营养全面并利于消化吸收，再加上适当的健美锻炼，就能在较短时间内变得健壮起来。

（六）坚定信心，持之以恒

消瘦者要想实现增肥的目标不是一蹴而就的，而是一个长期的过程。因此，长期坚持锻炼的方式才是最有效的，而想"一口吃个胖子"的练法是不行的。因锻炼方法不对、效果不明显而丧失信心也是不行的。应以坚定胜利的信心，做好长期吃苦的准备，以高昂的情绪进行科学的、有计划的、坚持不懈的锻炼，这样才能获得最后成功。

第六章

体育保健与运动损伤处理指南

>> 本章导言

体育锻炼的最终目的是保持身体健康。我们进行体育锻炼时，必须遵循人体运动时的生理变化规律和一定的卫生要求，确保运动安全，才能取得预期的效果。安全是体育锻炼的首要问题。运动损伤是日常生活和运动锻炼中常遇到的问题，我们应辨证施治，方能恰到好处，否则会适得其反，造成不良后果，甚至终身不愈。

>> 学习目标

1. 了解体育保健的基本常识。
2. 掌握体育保健自我医务监督的基本知识。
3. 了解常见的运动损伤及其预防和处理。

第一节　体育保健的常识

一、运动前的准备活动充分

　　准备活动是指在进行正式锻炼前进行的各种身体练习。准备活动一方面可以提高中枢神经系统的兴奋性，克服内脏器官尤其是心血管系统的生理惰性（一般来说，运动器官动员得较快，内脏器官一般需要三四分钟才能进入较高的工作状态），提高其功能水平，实现人体由安静状态到运动状态的过渡，使其在正式活动开始后能尽快地适应运动的需要；另一方面，可以提高肌肉代谢水平和对氧的利用率，提高肌肉温度和体温，使肌肉、肌腱和韧带的黏滞性减小，弹性和伸展性加大，从而加大动作幅度，预防运动损伤的发生。

　　准备活动按其内容可分为一般性准备活动和专项性准备活动。一般性准备活动是指进行专项性准备活动之前进行的热身运动，如走、慢跑、徒手体操和游戏等活动。专项性准备活动是指在一般性准备活动的基础上，根据即将进行的运动项目的特点而选择的专门性练习，与其后要进行的运动具有高度的相似性。运动员进行技巧性项目之前要做一些柔韧性练习，如舞蹈和武术项目的压腿、劈叉；进行球类项目前做一些熟悉球性的练习，如篮球比赛前的手指拨球、胯下运球、投篮练习，足球的颠球及过杆，打网球之前的挥拍练习等。

　　准备活动持续时间的长短、强度的大小及与正式练习之间的时间间隔，应根据年龄、项目特点、个体自身训练水平及季节做出不同的安排。冬季应适当延长准备活动的时间；夏季天气炎热，准备量可适当减小。对于以健身为目的的体育锻炼，一般采用快走、慢跑和活动全身各关节的徒手操，待身体稍微发热即可，一般以 10 分钟左右为宜。如果参加的是剧烈的体育运动，则心率保持在 130 ~ 160 次 / 分较为适宜。准备活动结束和正式活动或比赛开始的间隔时间最好不要超过 15 分钟，以 3 ~ 5 分钟为宜，活动强度由轻微逐渐增强。

二、运动后的整理活动及时

　　整理活动是指在紧张的运动或比赛后进行的一些轻松、缓和的 5 ~ 15 分钟的低强度练习，是实现人体从动态向静态平稳过渡的过程。整理活动的运动量应逐渐

运动前选择
安全、卫生
的场地

运动环境

减小，使肌肉中的血流量在运动后的一段时间内保持较高水平，可以使血液从肌肉返回心脏，有助于消除运动时肌肉中堆积的乳酸，减轻酸痛，加快疲劳的消除。

运动员在剧烈运动后不要突然停止运动，如坐下或躺下，这样易发生重力性休克（运动骤停后下肢的静脉失去了肌肉收缩对它们的挤压作用，在重力的作用下，大量血液集中在下肢舒张的血管中，引起回心血量不足，导致心输出量减少，进而引起脑部供血不足，产生眩晕或昏迷）。运动员进行强度不大的体育锻炼后，可选择由慢跑过渡到步行的整理活动，安排一些伸展性练习、深呼吸和抖动放松肌肉即可。进行强度较大的体育锻炼后，运动员可通过按摩、温水浴（水温为 42 摄氏度左右，时间控制在 15 分钟以内）、睡眠、吸氧、空气负离子吸入、听音乐和自我放松等手段来帮助消除疲劳。

运动员剧烈运动后不要进行冷水浴或游泳，避免血管立即收缩引起血压升高而损伤身体内脏器官。

三、运动性疲劳的消除

（一）保证充足的睡眠

充足的睡眠和休息是健身恢复手段的重要环节，对于消除运动后的疲劳具有重要意义。

当人处于睡眠状态时，一切感觉功能和生理功能都下降到最低水平，大脑皮质兴奋过程降低，心脏活动减慢，血压降低，呼吸减慢，体内分解代谢处于最低水平，而合成代谢水平较高，有利于体内能量的蓄积。

（二）保持活动性休息

当局部肌肉疲劳后，利用未疲劳的肌肉进行一些适当活动，可以促进全身的代谢过程，加快清除肌肉做功的代谢产物——乳酸。

（三）采用物理性恢复手段

按摩、光疗、电疗、水疗和空气负离子吸入等对加快疲劳的消除都有积极意义。

按摩是消除运动性疲劳的重要手段，可以改善局部或全身血液循环的状况，促进代谢产物的消除，减轻肌肉酸痛和僵硬程度，提高肌肉的收缩力，改善关节的灵活性。

进行温水浴也是一种简单、易行的消除疲劳的手段，对促进血液循环、加强新陈代谢、减少肌肉酸性代谢产物的堆积、放松肌肉和消除肌肉僵硬紧张、缓解酸痛等都具有重要作用。温水浴的水温以 40 摄氏度为宜，时间控制在 15 ～ 20 分钟。

（四）合理补充营养

合理补充各种高能饮料及营养滋补剂有利于运动性疲劳的消除。

（五）心理调节

优美的音乐、愉快的情绪和积极的心理放松调节，如自我暗示、气功等都有助于减轻紧张情绪，调节大脑皮质的机能，对疲劳的消除也有不容忽视的作用。

第二节　体育锻炼的自我医务监督

一、自我医务监督的主观感觉

（一）一般感觉

经常运动的人总是精力充沛，精神愉快；患病或过度训练的人会感到身体软弱无力，易出现精神萎靡不振、易疲劳、易激动等不良现象。在进行自我监督时，锻炼者可根据自我感觉记录为良好、一般、不好等。

知识窗

自我医务监督是指体育锻炼者采用最简单直接的方法，对自身的健康状况和身体反应进行观察，以便科学地安排体育锻炼，防止意外发生和提高锻炼效果。

（二）运动心情

经常参加运动的人一般是愿意参加运动的。如果方法不对或过度疲劳，则容易导致其对运动失去兴趣或产生厌烦。记录时可根据个人的运动心情记录为很想锻炼、不想锻炼、厌烦锻炼等。

（三）睡眠情况

经常运动的人其神经功能比较稳定，一般睡眠良好。早晨起床精神焕发，精力充沛，全身有力。如果晚上失眠、屡醒、梦多，早晨起来没有精神，则说明训练方法不当或运动量过大，需要检查运动量是否合适。记录时应写睡眠的持续时间和睡眠状况是否良好。

（四）食欲情况

经常运动的人，食欲好，饭量也较大。如果过度训练，则食欲会减退，饭量减少。此外，运动结束后马上进食，食欲也较差。记录时可写食欲良好、食欲一般、食欲减退、厌食等。

（五）不良感觉

锻炼者参加剧烈运动后，由于身体过度疲劳，往往出现四肢无力、肌肉酸痛，这是正常的生理现象。经过适当休息可以恢复。如果运动后出现头晕、恶心、心慌、气短和腹痛等，则表明运动方式不当或运动量过大。记录时可写头晕、恶心、气短和心慌等。

（六）出汗量

运动时出汗的多少与气候、运动程度、衣着、饮水量、训练水平、身体素质和神经系统的状况等有关。如果锻炼者突然大量出汗，可能是过度训练造成的，应适当调整运动量。记录时可写出汗适量、出汗增多、大量出汗等。

二、自我监督的客观检查

（一）脉　搏

正常人安静时的脉搏频率一般为 1 分钟 75 次左右，经常训练的运动员脉搏频率为每分钟 44～66 次。耐力项目的运动员脉搏频率为每分钟 40～50 次或更少些。锻炼者在自我医务监督中可用早晨脉搏来评定运动水平和身体机能的状况。若早晨脉搏逐渐下降或不变，说明身体机能反应良好；若早晨脉搏频率每分钟增加 10 次以上，说明身体机能反应不良，可能与睡眠、生病有关，应找出原因及时处理。若早晨脉搏频率连续保持较快的水平，可能是过度训练所致。测量脉搏时，一般先测 10 秒内的跳动次数，再换算出 1 分钟的数值，最后记录下来。

（二）体　重

锻炼者参加体育锻炼后，体重一般有下列变化。刚参加锻炼的人，由于身体里水分和脂肪大量消耗，体重下降。经过一段时间的锻炼，体重比较稳定，运动后减轻的体重能够完全恢复。长期坚持锻炼的人，肌肉逐渐发达起来，体重有所增加，并且能够保持一定水平。进行自我医务监督时，每周可测一两次，只要按照以上三个阶段发展，即为正常情况。

（三）肺活量

运动能使呼吸功能显著增强，肺活量的大小在一定程度上反映呼吸功能的好坏。经常参加锻炼的人，肺活量增加，但严禁过度训练。

（四）运动成绩

坚持合理锻炼，助于运动成绩逐渐提高或保持在一定水平上。如果运动水平没有提高，甚至下降，则可能是早期过度训练的状态。锻炼者应找出原因，适当休息或调整运动量。

（五）其他指标

根据运动专项和设备条件，可采用其他指标进行自我医务监督，如握力、引体向上等。女性还要记录月经的情况，如运动后月经量多少、经期长短、有无痛经等。自我医务监督的项目和指标应因人而异。一般应采用简单易行的方法，并经常与体育教师、医生交换意见，以便更好地进行自我医务监督。

第三节　运动中常见生理反应及其处置和预防

一、延迟性肌肉酸痛

（一）产生原因和临床表现

延迟性肌肉酸痛由运动时肌肉活动量过大引起局部肌纤维及结缔组织的细微损伤，以及由部分肌纤维的痉挛所致。这种酸痛不是发生在运动结束后的即刻，而是发生在运动结束后的 1～2 天，是一种延迟性的酸痛。由于这种酸痛现象只是局部肌纤维的细微损伤和痉挛，不影响整块肌肉的运动功能，经过肌肉内部对细微损伤的修复，肌肉组织会变得更加强壮，以后进行同样负荷的运动将不易再发生酸痛。

延迟性肌肉酸痛多发于双下肢主要伸、屈肌群，严重者肌肉会发生疼痛，且以肌腹为主，而肌肉远端和肌肉肌腱移行处症状一般较轻，24～48 小时酸痛感达到高峰，之后可自行缓解，5～7 天消失。

（二）处置和预防

1. 处　置

对酸痛部位可进行热敷或按摩，还可配合做一些伸展练习，也可口服维生素C以缓解症状。另外，针灸、电疗等也有一定作用。

2. 预　防

锻炼前，要充分做好准备活动，把握运动强度及运动负荷的递进性原则，根据自身的身体状况合理安排运动负荷，尽量避免局部肌肉负担过重。锻炼后，要对主要的工作肌肉进行推拿、按摩。

二、运动中腹痛

（一）产生原因和临床表现

运动中腹痛多在中长跑时发生，主要产生原因如下：① 准备活动不充分，运动开始时过于剧烈，内脏、器官机能尚未达到运动状态，致使脏腑功能失调；② 运动前吃得过饱，饮水过多，以及腹部受凉，引起胃肠痉挛；③ 运动时间过长或过于剧烈，使下腔静脉压力上升，引起血液回流受阻；④ 肝脾瘀血，膈肌运动异常，致使两胁胀痛。

（二）处置和预防

1. 处　置

发生运动性腹痛后，如果没有器质性病变迹象，一般可采用减慢跑速、加深呼吸、按摩疼痛部位、弯腰跑等方法处理，疼痛常可减轻或消失。如疼痛仍不减轻，甚至加重，锻炼者应停止运动，到医院做进一步检查。

2. 预　防

饭后1小时方可进行运动。运动前要做好准备活动，运动负荷的增加要循序渐进，注意呼吸节奏；夏季运动要适当补充盐分；对于各种慢性疾病引起的腹痛，运动员应就医检查，病愈之前，应在医生和体育教师指导下进行锻炼。

三、运动性贫血

（一）产生原因和临床表现

血液中红细胞与血红蛋白浓度低于正常值，称为贫血。由运动引起的这种红细胞和血红蛋白数量的减少，称为运动性贫血。

其发病的主要原因如下。

（1）运动时肌肉对蛋白质和铁的需要量增加，蛋白质和铁的供给如不能满足运动需要，易引起运动性贫血。

（2）剧烈运动时，血流加速，易引起红细胞破裂，致使红细胞从新生到衰亡之间的平衡遭到破坏，从而导致运动性贫血。

运动性贫血发病缓慢，其临床表现有头晕、恶心、呕吐、气喘、体力下降，运动后心悸、气促、脸色苍白等。

（二）处置和预防

1. 处　置

锻炼者在运动中（后）出现头晕、无力、恶心等现象时，应适当减小运动负荷，必要时暂停运动，并补充富含蛋白质和铁的食物，也可口服一些治疗贫血的药物。

2. 预　防

遵循循序渐进和区别对待原则，合理调整膳食。锻炼者在运动时如经常有头晕现象出现，应及时诊断医治，以便于正常参加体育锻炼。

四、运动性昏厥

（一）产生原因和临床表现

在运动中，因脑部突然血液供给不足而发生的暂时性知觉丧失现象，叫作运动性昏厥。运动性昏厥产生的原因：剧烈运动或长时间运动使大量血液积聚在下肢，使回心血量减少；或者是剧烈运动后引起低血糖。

运动性昏厥表现为全身无力、头昏耳鸣、眼前发黑、面色苍白、失去知觉、突然昏倒、手足发凉、脉搏慢而弱、血压降低、呼吸缓慢等。

（二）处置和预防

1. 处　置

应立即使患者仰躺，使其脚略高于头部，进行由小腿向大腿和心脏方向的按摩或拍击，同时用手指点压人中、合谷等穴位。如果患者有呕吐，应将患者头偏向一侧；如果停止呼吸，应立即进行人工呼吸，并尽快拨打急救电话，送医救治。

2. 预　防

患者平时要经常坚持体育锻炼，以增强体质；久蹲后不要突然起立；不要带病参加剧烈运动；疾跑后不要立即停下来消极休息；不要在饥饿的状态下参加剧烈运动。

五、肌肉痉挛

（一）产生原因和临床表现

锻炼者在进行体育锻炼时，其肌肉受到寒冷的强烈刺激，可能会导致肌肉痉挛，这种情况常在游泳时或冬季户外锻炼时发生。准备活动不够，或者肌肉猛力收缩，或者收缩与放松不协调，均可能导致肌肉痉挛；也有的肌肉痉挛是由情绪过分紧张所致。

肌肉痉挛时，肌肉突然变得坚硬，疼痛难忍，并且一时不易缓解。

（二）处置和预防

1. 处　置

对痉挛部位的肌肉做牵引。例如，腓肠肌痉挛时，患者应立即伸直膝关节，并配合按摩、揉捏、叩打，以及点压委中、承山、涌泉等穴位，以加快痉挛缓解和消除。

2. 预　防

运动前做好准备活动，对容易发生痉挛的部位，应事先做适当按摩。夏季进行长时间运动时要注意补充盐分。冬季锻炼时要注意保暖。游泳下水前应先用冷水淋浴，游泳时不要在水中停留过长时间。疲劳和饥饿时，不要进行剧烈运动。

六、运动中暑

（一）产生原因和临床表现

锻炼者在高温环境中长时间进行体育锻炼易发生中暑，尤其在气温高、通风不良、头部缺乏保护、被烈日直接照射的情况下，最容易发病。

中暑早期表现为头晕、头痛、呕吐，随后逐步发展为体温升高、皮肤灼热干燥，严重者可出现精神失常、虚脱、抽搐、心律失常、血压下降，甚至出现昏迷而危及生命。

（二）处置和预防

1. 处　置

首先应将患者扶送到阴凉通风处休息，同时采取降温消暑手段，如解开衣领或冷敷额部做头部降温，同时给其喝些清凉饮料或补充生理盐水、葡萄糖等。

对于严重患者，经临时处理后，应迅速送医院做进一步治疗。

2. 预　防

在高温炎热季节进行锻炼，应适当减小运动负荷，缩短锻炼时间，避免在烈日下长时间锻炼。夏天在室外锻炼时，应戴白色帽子，穿宽松薄衣；在室内锻炼时，应保持通风，并备有低糖含盐的饮料。

七、低血糖症

正常人的血糖应维持在一定的水平。当血糖浓度低于 2.8 毫摩尔时，机体出现的一系列症状称为低血糖症。

运动时，肌肉收缩要消耗能量，而能量主要来源于体内糖类的氧化，因而运动过程伴随着体内糖类的消耗。进行长时间剧烈运动时，葡萄糖被大量消耗可引起低血糖症。此病症多发生于长跑、超长跑、长距离滑冰、滑雪等运动比赛过程中或结束后。

（一）产生原因和临床表现

运动中发生低血糖症，主要是由长时间剧烈运动使体内血糖被大量消耗而致减少，造成调节糖代谢的机制紊乱。赛前饥饿、情绪过分紧张或身体有病，都是发生低血糖的重要原因。

低血糖症患者会感到非常饥饿，极度疲乏，并伴有头晕、心跳、面色苍白、出冷汗等症状。较重者可出现神志模糊、语言不清、四肢发抖、心律不齐或精神错乱（如赛跑者返身向相反方向跑），甚至出现惊厥、昏迷等症状。检查时，脉搏快而弱，血压无明显变化或血压在昏倒前升高而昏倒后降低，呼吸短促，瞳孔放大，血糖浓度明显降低。

（二）处置和预防

1. 处 置
使患者平卧，注意保暖。可给神志清醒者喝浓糖水或姜糖水，并给其吃少量食物，一般短时间后患者即可恢复。若患者昏迷，应迅速请医生处理。

2. 预 防
平时没有锻炼基础，或者患病未愈，或者空腹饥饿的运动员不要参加长时间的剧烈运动（如 10000 米跑、马拉松赛跑、长距离滑冰等）。举办马拉松赛跑时，举办方应准备一些含糖的饮料，供运动员在途中饮用。

第四节　运动中常见运动损伤及其处置方法

运动损伤分为开放性损伤和闭合性损伤。运动损伤的处理一般分为前期、中期、后期三个阶段。急性损伤前期（损伤发生 24 小时以内）的处理原则是制动、止血、防肿、镇痛、减轻炎症。可根据具体情况选用一种或几种处理方法。

一、开放性软组织损伤和闭合性软组织损伤的一般处置方法

（一）开放性软组织损伤

开放性软组织损伤是指局部皮肤或黏膜破裂的机械性损伤，常见的有擦伤、撕裂伤和刺伤。这些损伤均有伤口与外界相通，并有血液或组织液渗出，容易引起感染。

【处置方法】开放性软组织损伤都有不同程度的外出血，因此首先要及时止血，而后处理伤口，以预防感染。小面积皮肤轻度擦伤，可用生理盐水或干净水冲洗伤口，涂抹碘伏消毒，无须包扎。关节附近的擦伤，不宜采用暴露治疗法，否则皮肤

容易干裂，影响关节活动，宜请医生处理。大面积的严重损伤或伤口上有煤渣、碎石、砂粒等异物，应尽快前往医院就诊。刺伤的伤口一般细小且较深，可造成深层肌肉组织或内脏器官的损伤，有些刺入物往往可能折断或带入污物碎片，此类伤口必须到医院处理。

（二）闭合性软组织损伤

闭合性软组织损伤是局部皮肤和黏膜完整的机械性损伤，多见挫伤、拉伤和扭伤，常见的损伤部位有肌肉、肌腱、筋膜、韧带、关节囊等。这些损伤的大裂口与外界相通，损伤时的出血积聚在组织内。闭合性软组织损伤后，伤部均有不同程度的疼痛、肿痛，皮肤青紫，皮下淤血，活动受限。急性损伤的疼痛部位明显，慢性损伤的疼痛部位多不固定，时轻时重，多为酸胀痛。肿胀由组织出血和渗出体液所致，局部有隆起。损伤部位的功能活动一般不会完全丧失，但其活动能力会受到限制。同时，受伤组织发生炎性反应会产生一种灼热感，也可能伴随肌肉痉挛或肌肉紧张，摸之发硬。如属断裂损伤，在断裂处可摸到凹陷或一端异常膨大。

【处置方法】

（1）止血防肿。损伤后均发生内出血，出血越多，血肿越严重，恢复过程也就越慢，易形成组织粘连，影响以后的功能恢复。因此损伤后应尽快止血防肿，一般可依次采用冷敷、加压包扎、抬高伤肢等措施。冷敷可用冰水、冰袋或冷水毛巾裹住伤部或用氯乙烷喷射表面，使局部组织降温和血管收缩，以达到止血的目的。切不可用热水冲淋伤部，以免伤部周围毛细血管扩张而增加出血。

（2）活血祛瘀，消肿止痛。一般在 24～48 小时后，可以拆除包扎，进行热敷、按摩等理疗，以促进伤部的血液循环，解除肌肉痉挛，加速血肿和渗出液的吸收，减轻疼痛、肿胀。

（3）进行功能锻炼。可以促使受伤肢体较快地康复，能改善受伤肢体的血液循环和代谢，预防损伤组织的粘连与萎缩，加速愈合。进行功能锻炼时，活动的幅度、强度和数量应逐渐增加，忌用暴力，以免再次损伤。

二、常见运动损伤及其处置方法

（一）挫　伤

1. 挫伤部位及征象

挫伤多发生在头部、胸部和四肢部位。受伤部位会出现局部红肿、疼痛等症状。若皮肤破裂，会造成出血；若没有破裂，则会出现淤血。

2. 发生挫伤的主要原因

发生挫伤的主要原因：① 运动前准备活动不充分，肌肉关节没有得到充分活动；② 运动时，用力过猛，超过了肌肉、关节、韧带的负荷限度；③ 参加运动的人员过于拥挤或没有按正确的方法进行运动；④ 场地不平或器械设备不安全，且没有做好保护工作。

3. 处 置

发生了挫伤应根据情况及时处理。如果皮肤出血，应立即停止运动，先用酒精或碘伏为伤口消毒，再用净布包扎。如果受伤部位红肿疼痛，可先用冷水或冰块进行局部冷敷，抬高受伤部位，必要时加压包扎，24 小时以后改用热敷、按摩来活血、消肿、止痛。经过治疗，待伤势减轻以后再做针对性的活动，如下蹲、弯腰、举腿等，使关节、肌肉功能得以恢复，避免伤后关节不灵或肌肉萎缩。

（二）肌肉损伤

1. 损伤征象

肌肉损伤分主动收缩损伤和被动拉长损伤两种。主动收缩损伤是由于肌肉做主动的猛烈收缩时，其力量超过了肌肉本身所能承受的范围所致；被动拉伤主要是由于肌肉力量牵伸时超过了肌肉本身的伸展程度所致。轻微的肌肉损伤，症状较轻；如果是肌纤维完全断裂，则症状较重，一般表现为伤处疼痛、局部肿胀、压痛、肌肉紧张或痉挛、伤后肌肉功能减弱或丧失等。

2. 发生肌肉损伤的主要原因

发生肌肉损伤的原因有准备活动不充分，肌肉的生理机能尚未达到剧烈运动所需的状态就参加剧烈运动；体质较弱，肌肉的弹性、伸展性和力量较差，过度疲劳；运动水平低，姿势不正确，动作不协调，用力过猛，超过了肌肉活动范围；气温过低或过高，场地太硬等。

3. 处 置

肌肉损伤的治疗方法要根据具体情况而定。肌纤维少量断裂者，应立即冷敷，局部加压包扎，并抬高患肢。肌纤维大部分或完全断裂者，应在加压包扎后立即送至医院进行手术缝合。

（三）关节、韧带损伤

1. 损伤征象

关节、韧带损伤后，一般表现为压痛或自感疼痛。轻者韧带纤维部分断裂，重者韧带纤维完全断裂，引起关节半脱位或完全脱位，导致关节功能障碍。

2. 损伤部位及损伤原因

上肢关节以肩关节、肘关节、腕关节损伤最为常见。例如，掷标枪时，引枪后的翻肩动作错误易造成肩关节、肘关节扭伤。下肢关节以髋关节、椎间关节、膝关节、踝关节损伤较多。例如，从高处跳下时，平衡缓冲不够，使膝关节、踝关节受伤；做下腰练习时，过分提腰容易造成腰椎损伤等。

3.处　置

发生关节、韧带损伤后，应当在 24 小时内冷敷，必要时进行加压包扎，24 小时后再进行热敷、按摩等理疗。待疼痛减轻后可增加功能性练习。对于急性腰部损伤，如果出现剧烈疼痛，切不可轻易处理，应让伤者平卧，并用担架将其送至医院就诊。

（四）骨　折

1.损伤征象

骨折可分为完全性骨折（骨完全断裂）和不完全性骨折（骨未完全断裂，如裂缝骨折）两种，是运动中一种比较严重的损伤现象。骨折的症状如下。

（1）肿胀和皮下淤血：由骨折处血管破裂，骨膜下出血，以及周围软组织损伤引起。

（2）疼痛：由骨膜撕裂和肌肉痉挛引起，尤其是在活动时更加剧烈，甚至可引发休克。

（3）功能障碍：骨折后，肢体丧失了原来的功能，再加上剧烈疼痛和肌肉痉挛，肢体多不能活动。

（4）出现畸形和假关节：因骨折端发生移位和重叠，伤肢变形甚至缩短，完全骨折的地方可出现假关节，移位时可产生骨折摩擦音。

（5）压痛和震痛：骨折处有明显压痛，在远离骨折处轻轻捶击，骨折处往往出现震痛。

2.发生骨折的主要原因

发生骨折的主要原因是身体某部位受到直接或间接暴力作用，或肌肉强烈收缩。常见的骨折部位有肱骨、尺骨、桡骨、指骨、胫骨、腓骨、肋骨等。

3.处　置

一旦出现骨折，暂勿随意移动患肢，应先用夹板或其他代用品固定伤肢，动作要轻柔、缓慢，不要乱拉乱拽，以免造成错位，影响整复。如果是上肢骨折，可用木板托住伤肢，用绷带扎紧骨折处的上下两端。如果是下肢骨折，可先将伤腿轻轻放好，然后用宽布条或其他代用品将两条腿绑在一起，慢慢将伤者抬到硬板担架上，送往医院救治。如果是头部、颈部或脊椎部位发生骨折，运送时就更要小心，以免损伤神经而造成肢体瘫痪。搬运时应用枕头或衣服将伤者头部固定，防止移动。固定好骨折处以后，伤者不要扭动肢体。在送往医院的路上要保持平稳。

（五）关节脱位

1. 损伤征象

因受外力作用，构成关节的上下两个骨端失去正常的位置关系，出现了错位现象，叫作关节脱位，又称脱臼。关节脱位可分为完全脱位和半脱位（错位）两种。严重的关节脱位伴有关节囊撕裂，甚至神经损伤征象。关节脱位后常出现畸形，与健肢相比不对称，因软组织损伤而出现炎症，局部疼痛、压痛和关节肿胀，并失去正常活动功能，甚至发生肌肉痉挛等现象。

2. 发生关节脱位的主要原因

运动中发生的关节脱位大多由间接外力撞击所致，如摔倒时用手撑地造成肘关节或肩关节脱位。

3. 处 置

用大小合适的夹板固定伤肢。如果没有夹板，可将伤肢固定在躯干或健肢上，防止伤肢震动，随后及时将伤者送往医院治疗。

（六）脑震荡

1. 损伤征象

伤者神志不清，脉搏徐缓，肌肉松弛，瞳孔稍大但尚对称，神经反射减弱或消失；清醒后，常有头痛、头晕、恶心呕吐、注意力不集中、耳鸣、心悸、多汗、失眠、记忆力减退、情绪烦躁等症状。

2. 发生脑震荡的原因

发生脑震荡的原因一般是头部受到打击或磕碰，大脑感受器机能失调，引起意识和机能的一时性障碍。

3. 处 置

伤者头部受到打击或磕碰后，应立即让伤者平卧，冷敷其头部。伤者若有呼吸障碍，救助者应立即对其施行人工呼吸。如果伤者仍然反复出现昏迷，或耳、口、鼻出血，瞳孔放大且不对称，表明伤情严重，救助者应立即将其送至医院抢救。运送过程中应将上者头部固定，避免颠簸。轻度脑震荡患者只要注意休息就可以自愈，无须住院治疗，但要注意休息和进行必要的药物治疗，保持情绪稳定，减少脑力劳动。在恢复过程中，伤者可定期做脑震荡平衡试验，以检查病况进展，方法如下：闭目，单腿站立，两臂平举。如果能保持平衡，表明脑震荡已基本治愈。这时可适当参加体育锻炼，但要避免滚翻或旋转性动作。

第七章

田径俱乐部指南

>> 本章导言

田径运动产生于人类的生产、生活及军事活动，有着悠久的历史。田径运动是现代奥运会中的金牌大项，涌现了众多的优秀运动员。田径运动既有个体性，又有广泛的群众性。在参加田径比赛时，要注意田径运动的相关竞赛规则。

>> 学习目标

1.了解田径运动的起源与发展，以及中国田径运动的成就。

2.了解田径运动的主要组织机构和重大赛事。

3.了解国内外著名田径运动员。

4.了解田径运动的基本规则。

第一节　田径运动概述

一、田径运动的起源

田径运动产生于人类的生产、生活及军事活动。远古时代，人类为了生存、获取生活资料，经常要出没于崇山峻岭、峭壁悬崖、深坑沟壑去采摘果实、捕猎鸟兽用以充饥御寒。天长日久，这些人类生存需要的基本能力在人的生活、劳动中逐渐形成带有专门指向意义的走、跑、跳、掷、投的技能。这些技能在人类社会的发展过程中逐步脱离原始活动形式而成为可针对后代教育和士兵训练的手段与内容，这些专有和专用的手段与内容又随着社会文化的发展而演变为人类娱乐、竞赛活动的基本方式与方法。由此可见，田径运动便是这样形成与产生的。

二、田径运动的发展

公元前776年，古希腊人在奥林匹克村举行了第1届古代奥林匹克运动会，从那时起，田径运动就已成为人类发展中有记载的体育比赛项目。在这届奥运会上，田径的走、跑、跳跃、投掷项目被列为主要竞赛项目。

1912年7月，在斯德哥尔摩举行了国际业余田径联合会（IAAF）成立大会，至此，国际田径赛事活动有了可以制订比赛规则的组织，其宗旨是保护国际业余田径运动员的权利，在各田径协会建立友好合作关系，反对种族、宗教、政治及其他形式的歧视。

20世纪30年代后期至40年代后期（1937—1948年），受第二次世界大战的影响，第12、13届奥运会未能举行，世界田径运动的普及与发展受到了严重影响。

2011年9月，在柏林马拉松赛上，肯尼亚选手帕特里克·马考以2小时3分38秒的佳绩夺冠，并打破了埃塞俄比亚名将格布雷希拉希耶3年前在同一比赛中所创的2小时3分59秒世界纪录。牙买加短跑运动员尤塞恩·博尔特连续获得第29届、第30届、第31届奥运会男子100米、200米冠军，使他成为奥运史上第一个卫冕男子200米短跑冠军的运动员。2012年伦敦奥运会，美国的阿里斯·梅里特获得了男子110米栏冠军。同年9月，在国际田联钻石联赛布鲁塞尔罗马站，他又以12秒80的成绩获得男子110米栏冠军，并创造了新的世界纪录。2013年在莫斯科世锦赛上，法国选手塔姆戈以 18.04 米获男子三级跳远金牌，创 1996 年以来世界最好成绩，并成为三级跳远超越 18 米大关的历史第三人。2016 年里约奥运会田径项目比赛中，南非选手范尼凯克以 43 秒 03 的成绩创造了男子 400 米的世界记录。

三、中国田径运动成就

2011 年大邱世锦赛，中国选手李艳凤勇夺女子铁饼世锦赛金牌，这是中国该项目首次称雄世锦赛。2013 年莫斯科世锦赛男子 100 米半决赛中，中国选手张培萌跑出 10 秒整的成绩，创造了新的全国纪录。2014 年 3 月在波兰索波特举行的国际田联室内世锦赛，中国选手李金哲在男子跳远项目中以 8 米 23 获得亚军、创个人室内最好水平。这是中国该项目首次获世界大赛奖牌，也是亚洲运动员在室内世锦赛男子跳远的最好成绩。2014 年仁川亚运会中国选手勇夺 15 项冠军，实现了亚运会的八连霸。他们所获金牌中，13 枚出自短跑、跨栏、投掷项目，而且还改写了男子 4×100 米接力、标枪两项亚洲纪录，女子 4×100 米接力打破了亚运会纪录夺冠。2015 年北京田径世锦赛男子 100 米半决赛，中国选手苏炳添以 9 秒 99 平全国纪录，职业生涯第二次叩开 10 秒大关，2017 年 5 月 13 日，苏炳添在国际田联钻石联赛上海站男子百米赛上以 10 秒 09 夺冠，成为第一个在钻石联赛百米大战中夺冠的中国人。

第二节　田径运动主要赛事

一、田径运动组织机构

（1）中国田径协会成立于 1954 年，是具有独立法人资格的全国田径运动项目群众性体育社会团体，是中华全国体育总会的团体会员，是中国奥林匹克委员会所承认的管辖田径运动的全国性运动协会。

（2）亚洲田径联合会成立于 1973 年，总部设在新加坡，现有会员协会 35 个。

（3）国际田径联合会，简称国际田联，于 1912 年在斯德哥尔摩成立，分别在欧洲、亚洲、非洲、中北美洲、南美洲及大洋洲等六个地区开展工作，其中五个地区根据各自的章程设有领导机构，分别是欧洲田径联合会、亚洲田径联合会、非洲田径联盟、南美田径联盟、大洋洲地区田径组。

二、国内外重大田径赛事

世界田径锦标赛

奥运会田径赛

（一）世界田径锦标赛

创始于 1983 年的国际性田径赛事，主办机构是国际田径联合会，最初是每四年一届，1991 年起改为每两年一届。

（二）奥运会田径赛

自 1896 年第 1 届奥运会开始，田径运动都是主要的比赛项目之一。从 1928 年第 9 届奥运会起，增设了女子田径项目。国际田联规定运动员参加奥运会必须在规定时间里达到规定的报名标准，个人项目每个单项达到 A 级标准的最多 3 名运动员参赛，如无达到 A 级标准的运动员，允许 1 名达到 B 级标准的运动员参赛，如无达到 B 级标准的运动员，则允许各报 1 名男女运动员参加除田赛项目、10000 米跑、七项全能、十项全能以外的其他项目比赛。接力项目每个协会每个项目最多 1 个队，接力运动员可报 6 名，其中可报两名未达标的运动员。

（三）世界杯田径赛

世界杯田径赛是由国际田联主办的一项高水平田径赛事。

20 世纪 70 年代前，世界性田径赛，只有国际田联与国际奥委会共同举办的奥运会田径赛。进入 20 世纪 70 年代后，国际田联从 20 世纪 60 年代中期就已开始的欧洲杯田径赛中得到启迪，想仿效欧洲杯赛，组织与之类似的世界性田径赛，借以促进世界田径运动的发展。1976 年 7 月第 21 届奥运会期间国际田联会议正式通过决议，决定举办世界杯田径赛，每两年一届，赛期在奥运会前一年或后一年。

1977 年在联邦德国杜塞尔多夫举行了首届世界杯赛。1983 年因国际田联首次组办的另一项比赛——世界田径锦标赛定在该年，世界杯田径赛赛改期于 1985 年在澳大利亚堪培拉举行。此后，比赛由两年一届改为 4 年 1 次，赛期固定在奥运会后一年。

世界杯田径赛只举行决赛，参赛的共 8 个队：美国队；欧洲杯冠亚军各 1 个队；五大洲每洲各 1 个队，由所在洲田联选拔产生。但是，1981 年第 3 届杯赛于罗马举行时，东道主意大利单独派了 1 个队出席，成为 9 个队。在 1989 年和 2002 年东道主也派队参加了比赛。

杯赛每个项目各代表队限一人或一队（接力项目）参加。计前八名团体总分，办法是单项或接力赛第一名 8 分，第二名 7 分，依此类推。

世界杯赛设置的项目相对来说较少。从 1977 年至 1985 年的 4 届，男子项目固定为 20 个，无竞走、马拉松和十项全能。女子项目略有变化，1977 年为 14 项；

1979 年增加了 400 米栏；1985 年又加设了 10000 米，发展到 16 项，同男子一样，未设马拉松和全能项目。世界杯赛是第一个将女子 400 米栏、3000 米跑列入世界性大赛的赛事。

（四）国际田联钻石联赛

国际田联钻石联赛，是国际田联 2010 年推出的一项覆盖全球的新田径系列赛，简称钻石联赛。该赛事取代原来局限在欧洲的国际田联黄金联赛，季末大奖也从金条改成钻石。比赛共设 14 站，其中包括中国上海站。

根据国际田联钻石联赛的规则，将设立 32 个单项，包括男子女子 100 米、200米、400 米、800 米、1500 米、5000 米，400 米栏、3000 米障碍、跳高、跳远、三级跳、撑竿跳、铅球、标枪、铁饼、男子 110 米栏、女子 100 米栏。上海站将选择其中 16 项，男女各 8 个项目进行角逐。每年的项目将轮换举办。仅上海站享有永久保留男子 110 米栏项目的特殊权益。

按照国际田联的规定，必须是每个项目年度排名前 20 位的选手方具备参赛资格，这里涵盖了全部的新科奥运冠军、世界冠军或现任世界纪录保持者。在此基础上，国际田联已经签下 9 位各个项目的顶尖运动员作为钻石联赛的形象大使进行全球推广。

第三节　著名田径运动员简介

一、刘　翔

刘　翔

刘翔，中国田径（110 米跨栏）一级运动员，他是中国体育田径史上、也是亚洲田径史上第一个集奥运会冠军、室内室外世锦赛冠军、国际田联大奖赛总决赛冠军、前世界纪录保持者多项荣誉于一身的运动员。

2004 年雅典奥运会男子 110 米栏，刘翔以 12 秒 91 的成绩追平了由英国选手科林·杰克逊创造的世界纪录夺冠。2006 年瑞士洛桑田径超级大奖赛男子 110 米栏，刘翔以 12 秒 88 打破了英国运动员保持 13 年的世界纪录夺冠。

2009 年 9 月，刘翔以 13 秒 15 的成绩获得上海田径黄金大奖赛银牌。2009 年 11 月亚洲田径锦标赛，男子 110 米栏决赛中，刘翔以 13 秒 50 顺利夺冠，实现该项目亚锦赛上的三连冠。2012 年 6 月，世界 110 米栏排名第一，刘翔时隔五年后重登榜首。

二、尤塞恩·博尔特

尤塞恩·博尔特

尤塞恩·博尔特（Usain Bolt），1986 年 8 月生于牙买加特里洛尼，牙买加短跑运动员，2008、2012、2016 年奥运会男子 100 米、200 米冠军，是男子 100 米、200米世界纪录保持者。

2004 年，博尔特成为职业运动员。同年在加勒比共同体运动会的 200 米比赛中，跑出了 19 秒 93 的成绩，成为了有史以来第一个跑入 20 秒的青年运动员。2008 年 5 月，博尔特在纽约锐步田径大奖赛上，以 9 秒 72 的成绩打破世界纪录，创造了属于他的第一个世界纪录。同年 8 月，博尔特在北京奥运会男子 100 米决赛中，以 9 秒 69 的成绩打破了自己保持的世界纪录，并在随后的 200 米比赛中，以19 秒 30 的成绩打破了迈克尔·约翰逊创造的世界纪录。2009 年，柏林田径世锦赛上，博尔特在男子 100 米比赛中以 9 秒 58 的成绩夺冠，并刷新了自己创造的世界纪录。在男子 200 米比赛中，博尔特以 19 秒 19 打破自己保持的世界纪录。博尔特由此成为世锦赛双冠王。2012 年，博尔特在伦敦奥运会上成为奥运会历史上首位同时卫冕 100 米和 200 米冠军的选手，而在奥运会男子 200 米项目的历史上，博尔特是首个实现卫冕的运动员。

2013 年，莫斯科世锦赛上，博尔特包揽了男子 100 米、200 米和 4×100 米接力 3 枚金牌，他的世锦赛金牌总数达到 8 枚，追平美国名将卡尔·刘易斯和迈克尔·约翰逊共同保持的纪录。2015 年，北京田径世锦赛上，博尔特包揽了男子 100米、200 米、4×100 米冠军。2016 年 10 月，博尔特宣布在 2017 年伦敦世锦赛后正式退役。

第四节 田径运动竞赛规则简介

一、田径竞赛通则

田径竞赛通则见表 7-4-1。

表 7-4-1

田径竞赛规则	内　　容
比赛通则	（1）运动员必须经过检录才能参加比赛。 （2）在所有分道跑的项目中，运动员必须在自己的跑道内跑完全程。 （3）当一名运动员既参加田赛项目又参加径赛项目，且比赛时间冲突时，可以允许该运动员在田赛项目某一轮次比赛中以不同于赛前抽签顺序进行比赛。 （4）除全能项目之外，任何对起跑犯规负责的运动员将被取消该项目的比赛资格。 （5）径赛跑道，走进和跑进的方向应该左手靠内场，分道的编号应以左手最内侧分道为第一道

二、裁判长的工作职责

　　总裁判长是全体裁判员的最高领导者，总裁判长的任务是督导全体裁判员准确、公正地执行国际田联制定的竞赛规则和竞赛规程所规定的有关事宜。裁判长的具体工作职责见表 7-4-2。

表 7-4-2

裁判职责	内　　容
裁判长的工作职责	（1）总裁判长直接对竞委会主任负责，全面组织、领导裁判工作。总裁判长应熟悉属其领导的各级裁判长以及各裁判员的业务、性格、工作方法等情况，以便很好地解决比赛中出现的各种问题。 （2）比赛前要熟悉竞赛规程、比赛日程及其他有关竞赛的材料，领导各级裁判长对场地、器材和设备进行细致检查，以便在出现问题时适时而果断地做出正确的决定。 （3）赛前要亲自组织全体裁判员的培训，根据培训情况及裁判员的各方面情况分配各自的工作，充分发挥他们的特长和能力，也可根据具体情况对裁判员进行调整。 （4）比赛中要保证竞赛规程和规则一丝不苟地贯彻执行，并根据规则的精神处理发生于比赛期间的疑难问题。对规定中未作明文规定的问题，总裁判长有权做出最终决定。 （5）对有关比赛中的抗议，及时了解具体情况，如确属裁判问题，应及时纠正、妥善解决。 （6）对破纪录的成绩，总裁判长必须亲自审核并签字。 （7）有权对有可能犯规的运动员、不服从裁判的运动员提出警告，有权取消犯规运动员的比赛资格和录取资格。 （8）在任何田赛项目比赛时，总裁判长确认条件不宜比赛时，有权更改比赛场地，有权宣布比赛无效，并做出当日或另定时间重新举行比赛的决定

三、田径竞赛的裁判工作方法

（一）赛前准备

赛前准备的具体内容见表 7-4-3。

表 7-4-3

赛前准备	内　容
裁判工作的赛前准备	（1）选聘裁判员，组织裁判员学习竞赛规程和田径规则，制定各裁判组的工作计划。 （2）组织裁判员进行现场实习，提高效率，改进工作。 （3）检查所需器材，落实器材到位情况。 （4）赛前联调，了解各裁判组之间的配合情况，组织赛前各项会议，落实各项工作的到位情况

（二）径赛裁判工作

径赛裁判工作的具体内容见表 7-4-4。

表 7-4-4

径赛裁判工作	内　容
赛前控制中心	以竞赛日程表排定的各项比赛时间和赛会规定的各项检录时间召集运动员到检录处集合；按照国际田径竞赛规则规定，做好对运动员的各项检查工作；准时安全地将运动员带到比赛场地，交给该项裁判控制
起点裁判	起点裁判工作应根据田径竞赛规则的有关规定和竞赛规程，在竞赛主任的领导下，比赛现场指挥员协调指挥各项比赛的进程，组织各项径赛运动员按时进行比赛；保证每组运动员在机会均等的条件下起跑；执行有关起跑时的规则，警告与取消犯规运动员
终　点	准确、迅速地判定径赛运动员到达终点的名次
终点记录	记录全部径赛项目的终点名次报告表、记圈表、手计时成绩，收发径赛成绩记录卡
计　时	准确、迅速地计取径赛运动员的比赛成绩
检　查	为了确保全部径赛项目的比赛符合田径竞赛规则的规定，在比赛中检查运动员有无犯规情况；在跨栏、障碍跑项目中，检查栏架数、栏位、栏高是否准确；在 4×100 米接力项目中，管理好第二、三、四棒运动员的上道
赛后控制中心	召集场上已比赛完的运动员及时退场，确保赛场的正常秩序；及时归还运动员的衣物等个人物品；确保颁奖仪式、兴奋剂检查、新闻采访等各项工作有条不紊地进行

（三）田赛裁判工作

田赛裁判工作包括跳高、撑竿跳高、跳远、三级跳远、推铅球、掷铁饼、掷链球和掷标枪比赛的裁判工作，具体内容见表7-4-5。

表7-4-5

田赛裁判工作	内　容
高度裁判小组	（1）全体人员必须在赛前按时到指定地点集合，主裁判向田赛裁判长汇报人员到齐情况。 （2）赛前由主裁判整队进入比赛场地，对场地器材、仪器设备进行检查，测量好第一个试跳高度，并显示在公告牌上。派负责检录的管理裁判员到检录处协助检录。 （3）赛前30～35分钟，检录员及管理裁判带领运动员入场交主裁判，同时交检录单，由主裁判通告运动员注意事项，然后运动员开始测量步点。 （4）赛前20～25分钟，组织运动员按比赛顺序进行赛前试跳。 （5）赛前3～5分钟，停止练习，主裁判监督测量第一个起跳高度。主记录员登记运动员免跳高度，整理场地。运动员坐在休息区等候比赛。 （6）按规定的时间准时开始比赛。显示牌显示第一名试跳运动员的号码、跳次。主裁判站在海绵包前的中央地带将红旗平举，放下红旗计时钟开始起动，运动员开始试跳。 （7）计时员看到还有15秒钟时向主裁判举黄旗示意。 （8）运动员试跳成功主裁判举白旗，失败举红旗。 （9）主记录员记下成功或失败的符号，检查记录员负责检查，并及时在显示牌上显示。 （10）终端操作员输入成功或失败的信息。 （11）主记录员告还检查记录员下一运动员的号码，检查记录员在显示牌上显示，同时主裁判将红旗平举，下一运动员准备试跳，红旗放下，下一运动员开始试跳。 （12）准备试跳的高度超过了世界、亚洲、亚运会纪录时，主裁判应请田赛裁判长、技术官员、总裁判对横杆高度进行检查。 （13）如运动员跳过破纪录的高度后，应请总裁判、田赛裁判长及技术官员再次核对。 （14）一个高度的比赛结束后，被淘汰的运动员由管理裁判护送到赛后控制中心。最后三名运动员在比赛结束后一齐被护送到赛后控制中心。 （15）比赛结束时，主记录员整理好记录的成绩、名次，交主裁判签字，然后交技术官员签字。由检查记录员送田赛裁判长审批，最后送编排记录处。 （16）主裁判集合全体人员退场
远度裁判小组	（1）赛前65分钟全体人员到指定地点集合，主裁判清点人数后报告田赛裁判长。 （2）赛前55分钟主裁判派负责检录的管理裁判员到检录处协助检录。同时主裁判带领全组人员到比赛场地检查场地器材、仪器设备。 （3）赛前30分钟，主裁判接收运动员及检录表，然后通告注意事项并开始测量步点，同时将检录表交主记录员和终端操作员，终端操作员将检录表与计算机内储存的远度成绩表进行核对。 （4）赛前20～25分钟，起跳点裁判、管理裁判、主记录员共同组织运动员，按试跳顺序进行赛前试跳

田赛裁判工作	内　容
远度裁判小组	（5）赛前3分钟练习停止，全体裁判员做正式比赛的准备。运动员坐在指定位置休息，管理裁判通知试跳运动员做好比赛准备。 （6）主裁判示意记录员开始通告试跳运动员号码和轮次，检查记录员进行显示，同时起跳点裁判站在助跑道旁平举红旗。 （7）当运动员助跑开始时，风速员开动风速仪，计时5秒钟，5秒钟马上显示风速读数，并进行记录。比赛结束时，风速员将全部风速记录交主记录员。 （8）运动员每次试跳结束，起跳点裁判仔细观察踏跳时有无犯规，然后站到助跑道上的起跳板后，等待落点裁判判决，如无犯规，起跳点裁判向前上方高举白旗，举旗时间不少于3秒钟，如运动员犯规则举红旗。落地裁判见举白旗，便在运动员身体任何部分着落沙坑距起跳的最近点插一钢签，钢签要垂直于地面，测距裁判开始测量成绩。 （9）测量裁判将所测的准确成绩报给主记录员，主记录员复述一次，然后进行记录，并记下风速显示牌上的读数。 （10）终端操作员将记录员所报告的成绩输入计算机。 （11）检查记录员确认成绩无误，马上在公告牌上显示该运动员的成绩。 （12）若有运动员试跳犯规，起跳点裁判举红旗，主记录员记失败符号及分数再读数，终端操作员输入失败符号，准备下一运动员的试跳。 （13）及格赛时达到及格标准的运动员不能再继续试跳。每一轮结束后，主裁判派管理裁判将未达到及格标准以及不再继续试跳的运动员护送到赛后控制中心。 （14）前3轮试跳结束后，主记录员将获得参加后3轮试跳的运动员名单交主裁判审查，然后宣布名单，被淘汰的运动员由管理裁判护送到赛后控制中心。主记录员按前8名运动员（包括与第8名成绩相等者）成绩由差到良排好顺序，继续进行比赛。 （15）比赛破纪录时，测距裁判报告主裁判和技术官员，主裁判请田赛裁判长、总裁判审核，总裁判审核后再继续进行比赛。 （16）比赛中，经主裁判同意请假的运动员，必须由管理裁判陪同进出场地。 （17）六轮比赛全部结束后，主裁判监督主记录员、检查记录员、终端操作员按规程录取名次，核后签字。主记录员请技术官员和田赛裁判长签字，然后由检查记录员将成绩表送交大会编排记录处。最后由管理裁判护送运动员到赛后控制中心，主裁判带领全组人员整队退场
掷部裁判小组	（1）主裁判率领全组成员按时到指定地点集合，并向田赛裁判长汇报赛前准备情况。 （2）赛前，主裁判派一名检录管理裁判到赛前控制中心，协助检录员进行检录。 （3）赛前35分钟，全组裁判成员按规定路线整队入场，各就各位，认真检查场地、器材、用具以及仪器设备，进一步落实赛前准备工作。 （4）赛前30分钟，将运动员带入场内，把检录表和运动员交给主裁判，主裁判核实后把检录表交给主记录员，终端操作员将该检录表与显示在屏幕上预先编制的成绩记录表进行核对；主裁判向运动员提出比赛要求，并组织运动员进行练习，按试掷顺序每人进行2次投掷练习。 （5）赛前3分钟，停止练习，清理场地、器材，安全管理裁判召集运动员到休息地点准备比赛。

田赛裁判工作	内　容
掷部裁判小组	（6）赛前1分钟，内场裁判员示旗以通知落点裁判员就位，检查记录员显示试掷运动员的号码和轮次，安全管理裁判通知试掷运动员做好准备。然后内场裁判员在投掷圈内将平举的红旗放下，退到圈外。计时员按下计时器，运动员走进投掷圈开始试掷。 （7）运动员试掷结束后，内场裁判员走进投掷圈，面向外场，将旗直臂上举，以示试掷是否有效。器械落地后，落点裁判员进行判定。 （8）前3轮试掷结束后，主记录员选出前8名运动员（包括与第8名成绩相等者）按成绩由差到好顺序排序，继续进行比赛。检录管理裁判将被淘汰的运动员护送到赛后控制中心。 （9）比赛结束后，主记录员排列名次，经检查无误后，请田赛裁判长、主裁判和技术官员签字，终端操作员将该结果与屏幕上的运动员成绩、名次进行核对，检录管理裁判护送运动员到赛后控制中心，检查记录员立即把成绩记录表送交编排记录处。同时，主裁判指挥清理场地、器材，然后带领本组成员退场，完成裁判工作任务

第八章

大球俱乐部指南

≫ 本章导言

　足球运动是世界上最有影响力的单项体育运动，被誉为"世界第一运动"。现代足球运动是身体和智力的结合，是拼搏和勇敢的表现。篮球运动发展到今天，已经不再是一项普通的体育运动，它对增强青少年的体质，积极推动全民健身有着积极的现实意义。排球运动是一项深受大众喜爱的集体团队体育项目，是力量和技巧的结合。

≫ 学习目标

　1.了解足球运动的起源与发展、著名赛事、著名运动员及基本竞赛规则。

　2.了解篮球运动的起源与发展、著名赛事、著名运动员及基本竞赛规则。

　3.了解排球运动的起源与发展、著名赛事、著名运动员及基本竞赛规则。

第一节　大球运动概述

一、足球运动概述

（一）足球运动的起源与发展

1. 古代足球的起源与发展

（1）蹴鞠的诞生。足球在中国古代称为"蹴鞠"，其最早记载于《史记》。在战国时，蹴鞠已成为一种重要的娱乐和练兵手段。

（2）蹴鞠的发展。汉唐宋是中国古代足球发展最兴盛的时期，这段时期足球运动发展成了直接对抗的竞赛。到了唐朝，蹴鞠所用的皮球由内填毛发改为由人用嘴吹气，同时用两个球门代替"鞠室"。至宋代时，蹴鞠更发展成双球门及单球门的竞赛，还有称作齐云社或圆社的球会组织出现，而且所用皮球由人用嘴吹气发展到用气筒打气，越来越接近现代足球。

到了元辽金时代，人们的蹴鞠活动也很兴盛，而且还出现在很多文学作品中。发展到明清时，蹴鞠从整体上已经开始走向了娱乐化，丧失了其应有的竞技性。

2. 现代足球的起源与发展

现代足球起源于英国。足球竞赛游戏约 1066 年传入英国，1848 年，足球运动历史上第一部文字形式的规则——《剑桥规则》诞生。1863 年 10 月 26 日，在英国成立了世界上第一个足球协会——英格兰足球总会，并统一了足球规则，人们称这一天为现代足球的诞生日。这次制定的足球规则共 14 条，它是现代足球比赛规则的基础。从 1900 年的第 2 届巴黎奥运会开始，足球被列为奥运会正式比赛项目，但它不允许职业运动员参加。1904 年，由丹麦、法国、荷兰、比利时、西班牙、瑞典和瑞士七个国家的足球协会发起，在法国巴黎成立了国际足球联合会。从 1930 年起，国际足联每 4 年举办一次世界杯足球赛，比赛取消了对职业运动员的限制。1989 年，国际足联开始正式把五人制足球纳入管理范围内，并成为其主管团体。

（二）足球运动的特点

1. 整体性

足球比赛每队由 11 个人上场参赛。场上的 11 个人要思想统一、行动一致、攻则全动、守则全防，球员整体参战的意识要强。只有形成整体攻守，才能取得比赛的主动权和良好的比赛结果。

蹴鞠一词的由来

足球比赛

剑桥规则

现代足球引入中国

2. 多变性

足球运动是一项技术上多种多样、战术上变幻莫测、胜负结局难以预测的非周期性运动项目。在比赛中运用技战术时会受到对方直接的干扰、限制和抵抗，球员要根据临场的具体情况而灵活机动地加以运用和发挥。

3. 对抗性

足球运动是一项竞争激烈的对抗性项目。比赛中双方为争夺控制权，达到将球攻进对方球门，而又不让球进入本方球门的目的，展开短兵相接的争斗，尤其是在两个罚球区附近，双方在时间、空间上的争夺更是异常凶猛、扣人心弦。一场高水平的比赛，双方因争夺和冲撞倒地的次数可多达 200 次以上，足见其对抗之激烈。

4. 艰辛性

在足球比赛中，运动员要在近 8000 平方米的场上奔跑 90 分钟，跑动距离少则 6000 米，多则 10000 米以上，而且还要伴随完成上百个有球和无球的技术动作。若出现平局，决定胜负的后续比赛则要加时 30 分钟，如仍无结果，还须以踢点球决定胜负，因而运动员的能量消耗很大。一名运动员在一场激烈的足球比赛后，体重可下降 2～5 千克。

5. 易行性

足球竞赛规则比较简单，器材设备要求也不高。一般性足球比赛对参赛人数、场地和器材也不做严格限制，因而足球是全民健身中一项十分易于开展的群众性体育项目。

二、篮球运动概述

（一）篮球运动的起源与发展

篮球百科

1. 篮球运动的起源

现代篮球运动的起源地在美国，它是由侨居美国的加拿大人詹姆斯·奈史密斯于 1891 年发明的。当时他在美国的马萨诸塞州普林菲尔德市，该地区盛产桃子，一些工人和儿童经常将桃子投向桃筐作为一种游戏。奈史密斯从中得到启发，创编了篮球游戏。他将两只桃篮分别钉在体育馆的看台栏杆上，距离地面 10 英尺（3.05 米）设篮筐，用 A 型足球作为比赛工具向筐内投掷，以投进对方篮筐多的为胜方。1892 年由奈史密斯组织举行了该校教师队和学生队的一场篮球对抗赛，这场比赛被认为是篮球史上最早的正式比赛，并产生了最早的 13 条比赛规则。为了减少篮球投入篮筐后将球取出的麻烦，1913 年才改用金属圈篮筐和无底球网，使篮球运动初具雏形。

2. 篮球运动的传播与发展

篮球运动发明以后，很快就成了在美国大受欢迎的男子运动，并迅速向世界各地传播开来。19世纪末20世纪初，篮球运动相继传入加拿大、法国、巴西、俄罗斯、意大利、阿根廷、希腊、西班牙等国，1895年传入中国。1932年，瑞士、阿根廷、希腊等8国在瑞士日内瓦开会并组建了国际业余篮球联合会（以下简称"国际篮联"）。1936年，国际业余篮球联合会成功争取到在第11届奥运会上将男子篮球列为正式比赛项目的机会。而女子篮球，直到1976年第21届奥运会才成为正式的比赛项目。1989年，国际篮联又通过了职业球员可以参加世界大赛的决议，这一重大改革将篮球运动推向了一个崭新的发展阶段。

中国篮球的
发展

（二）现代篮球运动的特点

1. 人文性

世界范围内篮球比赛职业化、商业化、观赏化气息的加重，人文色彩的充实，已使现代篮球运动成为社会文明进步和人们喜闻乐见的人文景观。它引出种种有趣的竞技史事和人物故事，成为在不同人群中进行社会性人文教育的直观课堂，进而达到促进社会和谐、展现文化、讲究文明的目的，从而促进社会整体人文品位的提高。

2. 职业性

20世纪80年代至90年代，篮球职业化如雨后春笋般在美洲、欧洲、澳洲、亚洲各大洲迅速发展起来。特别是在国际奥委会同意美国职业篮球联赛的球员参加国际大赛后，篮球职业化已成为一种新兴的产业化趋势。优秀球队和球星效应的社会商业化价值发生了新的变化，反映出篮球运动发展的又一新特点。

3. 商业性

篮球运动商业化的重要特征是篮球运动的组织体制、竞赛赛制、管理机制的商业化气息浓厚，以及运动技能价值观的变更。这一系列的变革，一方面促进了篮球运动向更高的竞技水平发展；另一方面又有力地推动了篮球运动向商业化、产业化的方向发展。这已成为21世纪世界篮球运动的发展趋势，其社会价值和经济价值还将呈现新的景象。

4. 智谋性

智慧、技艺、体能和默契的配合是当代篮球运动拼争日趋凶悍激烈的基础。如何扬长避短、克敌制胜，除需要身材条件、体能素质、技能、意志作风等做保障外，更需要人文修养、智慧、计谋和精湛的技艺等做保障。因此，从事篮球运动需要在技艺上精益求精，使自己达到"艺高人胆大，胆大艺更高"的境地。

5. 协同性

篮球运动是以两队成员相互协同攻守对抗的形式进行的，集整体的智慧和个人的技术能力为一体，球队成员之间协同配合，反映和谐互助的团队精神和协作风格，并以此获得最佳成效。

6. 凶悍性

篮球运动的攻守对抗是球员在狭小的场地范围内快速、凶悍地贴身进行的身体对抗。获球与反获球的追击、抢夺，拼智慧、拼技术、拼身体，这不但需要具备聪颖的智慧，还需要具备良好的体能、彪悍的作风和顽强的意志。篮球竞赛的过程，即是强化这种作风的过程。

7. 综合性

当代篮球运动集社会学、人文学、军事学、生物学、科技学、管理学、体育学、竞技学、教育学等学科于一体，成为多学科交叉、多元化的运动，有利于广大篮球运动爱好者形成其特有的运动意识、气质、修养、品德、体能和技能，达到强健身体的目的。

8. 转换性

篮球运动的特点之一突出体现在"快"字上，即快速转换攻守的对抗过程。篮球竞赛规则规定，比赛以进攻得分多少定输赢，正如我国大书法家欧阳中石先生，在纪念世界篮球运动诞辰 100 周年题词所述"百战争高下，一球定输赢"。篮球比赛进攻有时间规定，攻后必守、守后必攻，攻守不断转换，转换又在瞬间，瞬间变化无常，使比赛始终在快速而和谐的高节奏下进行，给人以悬念，增添人的观赏乐趣，增智养心。

9. 时空性

篮球比赛是在一定的时间内围绕空间的球和篮筐展开的攻守对抗，因此在比赛过程中的时间观念、空间意识必然强烈；以智慧运用各种形式、方法和手段去争夺时间，拼夺空间优势，组合成各种惊奇的战术配合，从而使比赛更具时空性和观赏性。

三、排球运动概述

（一）排球运动的起源与发展

排球是运用发球、传球、垫球、扣球、拦网等技术，组成进攻与防守的竞赛活动，于 1895 年由美国人威廉·摩根创造，被称为"Volleyball"，意为空中飞球。排球传入欧洲后始为竞赛性项目，当时每队十六人，四人一排，故名"排球"。后经演变，先后改为十二人制及九人制。1918 年，国际上出现六人制排球。1947 年，国际排球联合会成立，并采用六人制规则。

现代排球比赛在 18 米 ×9 米的排球场地上分两队进行，每队 6 人，分前后两排，双方按照规则，运用各种技术和战术，力争使球落在对方场区的地面上，而不使球落在本方场区。

（二）排球运动的特点

1. 广泛的群众性

由于排球运动的场地设备简单，比赛规则容易掌握，人们既可以在体育场馆进行训练和比赛，也可以在一般空地上练习；排球的运动量可大可小，因此适合于不同年龄、不同性别、不同体质、不同健康程度和训练程度的人。

2. 高度的技巧性

排球规则规定，在比赛中，球不能在运动员手中停留的时间过长，也不能落地。每人不得连续击球两次，每方击球不得超过 3 次。排球运动对时间、技巧性的要求很高，从而体现出排球运动高度的技巧性。

3. 技术的全面性

排球比赛规则规定，球员在排球比赛中要进行位置轮转，每个队员既要轮转到前排扣球和拦网，又须轮到后排防守与接应，因此运动员必须掌握全面的攻防技术。

4. 严密的集体性

在排球比赛中，除发球和偶然的一次击球过网外，其他击球方式都是在集体配合中进行的，如果没有两人或两人以上的密切配合，无法发挥个人技战术的作用。无论是接发球一传、二传、扣球，或是接扣球进攻中的拦网、防守、二传、扣球等，都是一环扣一环，互相串联的。如果某一环节配合不当，势必会影响全局。一支排球队的技战术水平越高，集体配合的默契程度就越高。

排球小规则

第二节 大球运动主要赛事

一、足球运动主要赛事

（一）国际足联世界杯

世界杯欣赏

国际足联世界杯，简称"世界杯"，是世界上最高荣誉、最高规格、最高竞技水平、最高知名度的足球比赛，与奥运会并称为全球体育两大顶级赛事，甚至是影响力和转播覆盖率超过奥运会的全球最大体育盛事。获得世界杯冠军是世界各国在足球领域最梦寐以求的神圣荣耀，也是所有足球运动员的终极梦想。

（二）欧洲足球锦标赛

欧洲足球锦标赛，也称欧洲杯，是一项由欧洲足球协会联盟（以下简称欧足联）举办，欧洲足联成员国间参加的最高级别国家级足球赛事。1954 年 6 月 15 日，欧足联成立。该项赛事最初的目的是为了填补两届世界杯足球赛之间 4 年的空白，从而让欧洲各国有更多的比赛机会。1960 年举行第一届，其后每四年举行一届。

（三）欧洲冠军联赛

欧洲冠军联赛
欣赏

欧洲冠军联赛，简称欧冠，是欧足联主办的年度足球比赛，代表欧洲俱乐部足球的最高荣誉和水平，常被誉为全世界最具影响力以及最高水平的俱乐部赛事，亦是世界上奖金最高的足球赛事和体育赛事之一。欧冠前身是 1955/1956 赛季创建的欧洲俱乐部冠军杯。1992/1993 赛季，欧足联对这项杯赛的名称正式进行了修改，赛事改称为现在使用的"欧洲冠军联赛"，而旧有的名称"欧洲俱乐部冠军杯"则被套用于现在的冠军奖杯上。

二、篮球运动主要赛事

（一）国际篮联篮球世界杯

国际篮联篮球世界杯，简称篮球世界杯，是国际篮球联合会主办的世界最高水平的国家队级篮球赛事，每四年举办一次。篮球世界杯的前身是从 1950 年开始举办的世界男子篮球锦标赛（以下简称男篮世 锦赛）。2012 年 1 月 28 日，国际篮联宣布将男篮世锦赛更名为篮球世界杯。

（二）奥运会篮球比赛

奥运会篮球赛

1936 年柏林奥运会上，男子篮球比赛第一次被列为奥运会比赛项目。女子篮球到 1976 年蒙特利尔奥运会上才被正式纳入。奥运会篮球比赛只设男女 2 个团体项目，各有金、银、铜 3 块奖牌。

（三）中国男子篮球职业联赛（CBA）

CBA

中国男子篮球职业联赛是由中国篮球协会主办的跨年度主客场制篮球联赛，是中国最高级别的篮球联赛。在中国男子篮球职业联赛发展的这些年里诞生了如姚明、王治郅、易建联、朱芳雨等球星。

三、排球运动主要赛事

（一）世界排球锦标赛

世界排球锦标赛是由国际排球联合会主办的国际排球比赛，是排球最早的、规模最大的世界性比赛，每 4 年举行一届，受到各国普遍重视。冠军获得者可直接参加下届奥运会。第一届世界排球锦标赛于 1949 年举行，最初只有男子比赛，女子比赛始于 1952 年。

（二）奥运会排球赛

1964 年，排球运动首次亮相东京奥运会赛场，有 10 支男队和 6 支女队参加了比赛。至 2016 年里约热内卢奥运会，排球运动进入奥运会已经有 52 个年头。在这充满着光荣与梦想的有 52 年中，奥运会排球比赛的参赛队伍已由最初的 10 支男队和 6 支女队发展到男女各 12 支队伍。

（三）世界杯排球赛

世界杯排球赛是由全球高水平的男、女球队参加的国际性的排球比赛，每四年举办一次。1991 年，世界杯赛被改为在奥运会的前一年举行，相当于是奥运会排球赛的资格赛。获得前三名的队伍则有资格进入奥运会。世界杯排球赛的前身是"三大洲"排球赛，即亚洲、欧洲、美洲三大洲排球赛。1964 年，国际排球联合会将其更名为世界杯排球赛，并决定于 1965 年 9 月在波兰举办首届世界杯男子排球赛，1973 年在乌拉圭举办第一届世界杯女子排球赛。

第三节　著名大球运动员简介

一、著名足球运动员简介

（一）大卫·贝克汉姆

大卫·贝克汉姆，1975 年 5 月 2 日出生于英国伦敦雷顿斯通，前英国职业足球

排球打法

奥运会排球
赛欣赏

世界杯排球赛
欣赏

排球世锦赛
欣赏

运动员，司职中场。大卫·贝克汉姆青少年时期在曼联成名，1999、2001 年两次获世界足球先生银球奖，1999 年当选欧足联最佳球员，2001 年被评为英国最佳运动员，2010 年获得英国广播公司终身成就奖。大卫·贝克汉姆一共效力过曼联、普雷斯顿、皇马、洛杉矶银河、AC 米兰和巴黎圣日耳曼 6 家俱乐部，拿到 1 次欧冠、1 次丰田杯冠军、6 次英超冠军奖杯、2 次足总杯、4 次慈善盾杯、1 次西甲冠军、1 次西班牙超级杯、2 次美国职业大联盟总决赛冠军、1 次法甲冠军。2013 年 5 月 16 日，大卫·贝克汉姆通过英足总官网发布公告，宣布他将在赛季结束后正式退役。贝克汉姆 1996—2009 年总共代表英格兰队出场 115 次，打进 17 粒进球，其中 58 次担任三狮军团的队长。

（二）里奥·梅西

1987 年 6 月 24 日出生于阿根廷圣菲省的罗萨里奥市，阿根廷足球运动员。2000 年，梅西加入巴塞罗那俱乐部。2005 年，阿根廷青年队夺得世青赛冠军，梅西赢得了金球奖和金靴奖两项大奖。2008 年北京奥运会上，梅西随阿根廷国奥队夺得了金牌。2009 年底，他当选了欧洲足球先生和世界足球先生。梅西 2008—2009 赛季率领球队连夺西甲、国王杯和欧冠 3 个冠军。2011 年，梅西获得首届国际足联金球奖，还获得了欧足联欧洲最佳球员。2013 年，他以 46 粒联赛进球的成绩第三次获得欧洲金靴奖奖杯。2014 年，梅西随阿根廷队参加 2014 年巴西世界杯，并最终获得世界杯亚军。2014 年 12 月 20 日，梅西被国际足球历史和统计联合会评为 2013 年世界职业联赛的最佳射手奖。2015 年 8 月，他当选欧洲超级杯最佳球员。2015 年 8 月 27 日，梅西获得欧洲最佳球员。2016 年 1 月 12 日，梅西荣膺 2015 年度国际足联金球奖，五次获得金球奖创下纪录。2016 年 6 月，在连续 3 次决赛（2014 年世界杯、2015 年美洲杯、2016 年美洲杯）失利后，梅西正式宣布将退出阿根廷国家队。2016 年 8 月 13 日，阿根廷国家队官方宣布，此前退出国家队的头号球星梅西正式回归。

二、著名篮球运动员简介

（一）迈克尔·乔丹

迈克尔·乔丹，1963 年 2 月 17 日生于美国纽约布鲁克林，前美国职业篮球运动员，司职得分后卫，绰号"飞人"。在 1984 年美职篮选秀中，迈克尔·乔丹在第 1 轮第 3 位被芝加哥公牛队选中，职业生涯曾效力于芝加哥公牛队以及华盛顿奇才队，新秀赛季当选美职篮年度最佳新秀。1986—1987 赛季，乔丹场均得到 37.1 分，首次获得美职篮得分王称号。1991—1993 赛季，乔丹连续 3 次当选常规赛最有价值球员以及 2 次总决赛最有价值球员，率领芝加哥公牛队 3 次夺得美职篮总冠军。

1993 年 10 月 6 日因父亲被害而宣布退役，两年后宣布复出。1996 年入选美职篮 50 大巨星。1996—1998 赛季，乔丹获得个人职业生涯第 10 次（共 10 次）美职篮得分王、第 5 次（共 5 次）常规赛最有价值球员，并再次率领公牛队 3 次（共 6 次）夺得美职篮总冠军，自己当选第 6 次总决赛最有价值球员。1999 年 1 月 13 日再次宣布退役，两年后在华盛顿奇才队再次宣布复出。迈克尔·乔丹的职业生涯年年入选美职篮全明星阵容（共 14 次），并 3 次夺得美职篮全明星最有价值球员，10 次入选美职篮最佳阵容一阵，1985 年入选美职篮最佳阵容二阵，1988 年当选美职篮年度最佳防守球员，9 次入选美职篮最佳防守阵容一阵，3 次荣膺美职篮抢断王，2 次荣获美职篮全明星扣篮大赛冠军，1984 年和 1992 年获得奥运会金牌。2003 年 4 月 16 日，迈克尔·乔丹在职业生涯最后一场奇才主场对阵 76 人比赛的赛后正式宣布退役。他被认为是历史上最伟大的篮球运动员之一。2009 年 9 月 11 日，迈克尔·乔丹入选奈·史密斯篮球名人纪念堂。

（二）易建联

易建联，1987 年出生于中国广东省江门市鹤山市，中国职业篮球运动员，司职大前锋 / 中锋，效力于中职篮广东宏远华南虎俱乐部（广东队）。2004 年易建联入选中国国家男子篮球队，2005 年成为中职篮史上最年轻的最有价值球员。2007 年美职篮选秀，易建联在首轮第 6 顺位被密尔沃基雄鹿队选中。2008 年，易建联转会至新泽西篮网队（今布鲁克林篮网队）。2011 年，易建联重回中职篮为广东队效力。2015 年，由易建联带领的中国男篮在 2015 年男篮亚锦赛上夺冠，并获得里约奥运会参赛资格。2015 年，易建联获得"中国十佳运动员"称号。2017 年，易建联被选评为"全球杰出青年"。

三、著名排球运动员简介

（一）郎　平

郎平，1960 年 12 月 10 日出生于中国天津市，前中国女子排球运动员，奥运冠军。1973 年 4 月，郎平进入北京工人体育馆少年体校排球班练习排球。1976 年，郎平进入北京市业余体校，同年入选北京市排球队。1978 年，郎平入选国家集训队。1981 年，郎平随中国女排夺得第 3 届世界杯冠军，获"优秀运动员奖"。1982 年，郎平随中国队获得第九届世界女排锦标赛冠军，并荣膺世界女子排球锦标赛"最有价值球员"。1984 年，郎平随中国队获得洛杉矶奥运会女排比赛金牌，协助中国女排实现三连冠。1986 年，郎平宣布退役。1995 年，郎平被聘为中国女排主教练。1996 年，郎平获得国际排联颁发的"世界最佳教练"。2002 年 10 月，郎平正式入选排球名人堂，成为亚洲排球运动员中获此殊荣的第一人。2013 年 4 月 25 日，

郎 平

郎平被任命为女排国家队主教练。2015 年 2 月，郎平获 2014 中国中央电视台体坛风云人物最佳教练奖。2016 年 2 月，郎平当选感动中国 2015 年度人物。2016 年 3 月，郎平获得"影响世界华人大奖"。2016 年 8 月，郎平以主教练的身份带领中国女排获得里约热内卢奥运会冠军。2016 年 12 月，郎平当选 2016 中国十佳劳伦斯冠军奖最佳教练。2016 年 12 月，获得 2016 中国中央电视台体坛风云人物年度最佳教练奖。2017 年 2 月，她被评为 2016 感动中国十大年度人物。

（二）朱 婷

朱婷，女，中国著名女子排球运动员，1994 年 11 月 29 日出生于河南省周口市郸城县，司职主攻位置。2007 年，13 岁的朱婷进入周口市体校，2008 年，朱婷被选入河南省体校学习排球。2010 年，朱婷进入国家少年女子排球队。2013 年朱婷带领国家青年女排队 8 战全胜，创纪录地以不失一局的战绩时隔 18 年重夺世界青年女排锦标赛冠军，朱婷荣膺最佳得分、最佳扣球以及最有价值球员三项大奖。2014 年 10 月 13 日，中国女排时隔 16 年再次获得世界女子排球锦标赛中亚军，朱婷在世界女子排球锦标赛中获最佳得分、最佳主攻单项奖。2015 年女排世界杯，中国女排时隔 11 年之后再获女排冠军，朱婷首次获得最有价值球员称号。2016 年 8 月，中国女排时隔 12 年再获奥运会冠军，朱婷加冕里约热内卢奥运会女排最有价值球员与最佳主攻称号。

第四节 大球运动竞赛规则简介

一、足球竞赛规则简介

足球基本
规则

足球竞赛规则及其内容见表 8-4-1。

表 8-4-1

竞赛规则	内　容
罚球区的规定	（1）守门员在本方罚球区内可以用手触球，但本方队员故意用脚将球回传给守门员，守门员用手接球则要判罚间接任意球。 （2）防守队员在罚球区内犯规被判罚直接任意球时应罚点球。 （3）在罚点球时，除守门员和主踢队员外，其他队员都不准进入罚球区内。 （4）在踢门球或守方在罚球区内罚任意球时必须把球直接踢出罚球区，比赛方为开始

竞赛规则	内　容
罚球区的规定	（5）在踢门球或守方在罚球区内罚任意球时，攻方队员必须自动退出此区域外，并距球 9.15 米。 （6）在罚球区内，如果守门员用手控制球（接住球）后，又使球重新进入比赛状态，未经对方触及球，不能再次用手触球
越　位	（1）队员处于越位位置本身并不构成犯规。（2）队员处于越位位置：头、躯干或脚的任何部分在对方半场（不含中线）；头、躯干或脚的任何部分较球和最后第二名对方队员更接近于对方球门线。（3）队员不处于越位位置：队员齐平于最后第二名对方队员；队员齐平于最后两名对方队员
任意球	直接任意球：当球员发生以下行为时，被判对方罚直接任意球。 （1）推、拉扯、冲撞对方队员。 （2）为了得到对球的控制而抢截对方队员时，于触球前触及对方队员。 （3）向对方队员吐唾沫。 （4）故意手球（不包括守门员在本方罚球区内）。 （5）踢或企图踢、绊摔或企图绊摔、打或企图打对方队员。 （6）跳向对方队员。 间接任意球：当球员发生以下行为时，被判对方罚间接任意球。 （1）以危险方式比赛。 （2）无身体接触的前提下阻碍对方队员行进。 （3）阻挡对方守门员踢球，当守门员从手中发球时踢或者企图踢球。 （4）守门员在本方罚球区内用手控制球 6 秒没有放开；在守门员发出球之后未经其他队员触及，再次用手触及；用手触及同队队员故意踢来的球；用手触及同队队员直接掷入的界外球
黄牌警告	一场比赛中同一队员累计得到两张黄牌，则要被红牌判罚出场。比赛中有下列情况，运动员应被黄牌警告：不服从裁判，抗议或干扰裁判员执行判罚；有对判罚表示不满的手势或举动；煽动观众、进行粗野的行为；用语言或行动侮辱、威胁对方队员、观众或工作人员；故意延误时间；罚任意球时故意不退出 9.15 米以外；未经裁判员许可进入或重新进入比赛场地等
红　牌	被出示红牌者要离开比赛场地。比赛中有下列情况，运动员应被裁判员出示红牌：犯有暴力行为；严重犯规；对直接威胁球门的攻方队员实行战术犯规时可判罚红牌；用故意手球破坏对方的进球或明显的进球得分机会；经黄牌警告后犯规，又被第二次黄牌警告者
点球大战	双方先进行 5 人对 5 人的交替罚点球；如未分出胜负，则进行 1 人对 1 人的交替罚点球，一方罚进，而另一方未罚进，则比赛结束，否则继续按 1 人对 1 人交替罚点球，直至比赛结束。罚点球时，在裁判员鸣哨后，球被踢出前，守门员双脚必须站在球门线上并不得移动

二、篮球竞赛规则简介

（一）违例

篮球违例及其内容见表8-4-2。

表8-4-2

违 例	内 容
掷界外球违例	从裁判员指定地点沿边线移动超过正常的一步；掷界外球，球离手后，在球触及场内队员之前掷球队员首先触及球；掷界外球时在球触及场上队员前，球先触及界线或界外等
3秒违例	当球进入前场，并且计时钟开启时，进攻队员在对方的限制区内持续停留超过3秒
5秒违例	掷界外球时，5秒内未将球掷出；持球队员被紧逼防守，在5秒内球未离手；裁判员将球递交给罚球队员，罚球队员在5秒内未将球投出等
8秒违例	进攻队在后场控制球时未能在8秒内使球进入前场
24秒违例	进攻队未能在24秒内完成投篮，并使球触及篮圈；出现防守队员犯规时重新计算24秒
球回后场违例	在前场控制活球的球队不得使球非法地回到他的后场
运球走步违例	持球队员在投、传、拍或滚球之前，移动了中枢脚
二次运球违例	持球队员运球开始后，该队员用双手同时触球或使球在手中停留的瞬间，运球完毕，若再次运球即为违例。出现下列几种情况不判二次运球违例：同一人连续投篮，但投出的球必须触及篮筐、篮板或其他队员；与其他队员抢球中用挑、拍等手法得到球后运球；抢断得球后运球
脚踢球违例	故意踢球或用脚的任何部位阻拦球
跳球违例	当球在上升阶段时，跳球队员触及球；跳球队员未触及球时，其他队员进入中圈或移动位置；跳球队员直接接住球
干扰投篮违例	投篮的球在飞行中下落，并完全在篮圈水平面上时，防守队员触球即为违例，判给进攻方投篮得分

（二）犯规

篮球运动犯规及其内容见表8-4-3。

表8-4-3

犯 规	内 容
侵人犯规	场上队员通过手、臂、肩、髋、膝、脚、将身体弯曲成"不正常的姿势"或以拍、阻挡、拉、推、撞、绊等动作来阻碍对方队员，即为侵人犯规。 侵人犯规的罚则如下：如果被侵犯的队员未做投篮动作，应由被侵犯的队员在犯规的最近点掷边线球或端线球；如果犯规队在一节内已累计达4次犯规，则判给被侵犯队员2次罚球；如果被侵犯的队员正在做投篮动作，则投中有效，再判给1次罚球；如果未投中，应判给2次罚球；如果是3分投篮未成功，则应判给3次罚球；如果进攻队员犯规，则由对方队员在最靠近违犯的地点掷边线球或端线球
技术犯规	运动员出现在场上骂人、不服从裁判判决、故意拖延比赛时间等现象要被判技术犯规；教练员的技术犯规主要是指不服从裁判员、随意走出球队席区域或在场外干扰比赛的正常进行等。 技术犯规的罚则如下：要进行登记，判给对方队员1次罚球。罚球后，由宣判技术犯规时，按球队或拥有球权队在比赛停止时距离球最近的地点执行掷球入界。罚球时，双方队员都应站在罚球线延长线后。若在比赛开始前或休息期间，判队员或教练员技术犯规，都应在比赛开始前由对方队员执行罚球后，再由跳球开始比赛
违反体育运动精神的犯规	裁判员认为队员蓄意地对对方队员造成侵人犯规，为违反体育运动精神的犯规，队员出现2次违反体育运动精神的犯规将被取消比赛资格。 违反体育运动精神的犯规罚则如下：登记犯规队员1次违反体育运动精神的犯规，如果被犯规队员没有做投篮动作，判给其2次罚球和1次掷界外球球权。如果被犯规队员正在做投篮动作，投中有效，再判给1次罚球和1次掷界外球球权；如果投篮不中，则应判给罚球（投3分球时罚3次）和1次掷界外球球权。 罚球时，双方队员都应站在罚球线的延长线之后
取消比赛资格的犯规	凡属十分恶劣的不道德行为，可判为取消比赛资格的犯规。 取消比赛资格的犯规罚则如下：登记犯规队员1次取消比赛资格的犯规，并令其离开比赛场地，余下判罚同违反体育运动精神的犯规罚则

三、排球竞赛规则简介

排球基本规则

（一）发球犯规

发球犯规及其内容见表8-4-4。

表8-4-4

发球犯规	内 容
发球击球时的犯规	（1）发球次序错误：某队未按照位置表所登记的发球次序发球为发球次序错误。 （2）发球区外发球：队员发球击球或跳发球时，踏及场区或发球区外地面为发球区外发球犯规。 （3）发球击球时，球未抛起或持球手未撤离。 （4）发球5秒：第一裁判员鸣哨后5秒内，发球队员未将球击出，为发球5秒犯规
发球击球后的犯规	（1）发出的球触及发球队队员、未通过球网垂直面。 （2）界外球：发出的球的整个落点完全在场区界线以外的地面上；发出的球触及场外物体、天花板或非比赛队员等；（3）发出的球触及标志杆、网绳、网柱或球网的标志杆以外的部分。 （3）发球掩护：任何一名发球队的队员，以挥臂、跳跃或左右晃动等动作妨碍对方接发球，而且发出的球从他的上方飞过，则构成个人掩护

（二）击球时的犯规

击球时的犯规及其内容见表8-4-5。

表8-4-5

击球时的犯规	内 容
四次击球	一个队连续击球4次（拦网1次除外）为4次击球犯规
持 球	一名队员没有将球清晰地击出，使球停止（如捞棒、推掷、携带等）为持球犯规
连 击	一名队员明显连续击球两次或球连续触及他身体的不同部位（拦网1次除外）为连击犯规
借助击球	借助同伴或任何物体的支持进行击球为借助击球犯规

（三）队员在球网附近的犯规

队员在球网附近的犯规及其内容见表8-4-6。

表 8-4-6

队员在球网附近的犯规	内　容
过网击球	对方进行进攻性击球前或击球时，在对方空间触及球或对方队员为过网击球犯规
过中线	比赛进行中队员整个脚或身体的其他任何部分越过中线并触及对方场区时，为过中线犯规
妨　碍	从网下穿越进入对方空间并妨碍对方比赛
触　网	比赛进行中，任何队员触及9.5米以内的球网、标志杆、标志带等为触网犯规

（四）拦网犯规

拦网犯规及其内容见表8-4-7。

表 8-4-7

拦网犯规	内　容
过网拦网	在对方进攻击球前或击球时，在对方空间拦网触球为过网拦网犯规
后排队员拦网	后排队员靠近球网，将手伸向高于球网处阻拦对方来球并触及球，为后排队员拦网犯规
拦发球	拦对方发过来的球为拦发球犯规
过　网	从标志杆外伸入对方空间拦网并触球为过网犯规

（五）进攻性犯规

进攻性犯规及其内容见表8-4-8。

表 8-4-8

进攻性犯规	内　容
后排队员进攻性击球	后排队员在前场区内或踏及进攻线（或其延长线），击整体高于球网上沿水平面的球，并使球的整体由过网区通过球网垂直面或触及对方拦网队员，则为后排队员进攻性击球犯规
前场区进攻性击球	在前场区对对方发过来的、整体高于球网的球，完成进攻性击球（如扣发球、吊发球等）为前场区进攻性击球犯规

（六）不良行为

不良行为及其内容见表8-4-9。

表8-4-9

不良行为	内　容
粗鲁行为	违背道德原则和文明举止，有侮辱性表示
冒犯行为	诽谤、侮辱的言语或手势
侵犯行为	人身侵犯或攻击

第九章

小球俱乐部指南

>> **本章导言**

乒乓球是一项集健身性、竞技性和娱乐性为一体的运动，被誉为中国的"国球"。中国乒乓球队屡次在世界大赛上获奖，增强了我国人民的民族自豪感和民族自信心。羽毛球是一项老少皆宜的运动，深受广大人民群众的喜爱。网球运动是一项富有乐趣的体育项目，其不仅锻炼价值高，还是一种娱乐身心的手段。

>> **学习目标**

1.了解乒乓球运动的起源与发展、著名赛事、著名球员和竞赛基本规则。

2.了解羽毛球球运动的起源与发展、著名赛事、著名球员和竞赛基本规则。

3.了解网球运动的起源与发展、著名赛事、著名球员和竞赛规则。

第一节　小球运动概述

一、乒乓球运动概述

（一）乒乓球运动的起源与发展

乒乓球运动于 19 世纪末起源于英国。最早叫 "Table Tennis"，译成中文是 "桌上网球"，日本的官方语言将其称为 "桌球"。此前，在英语中还未出现过 "Ping-Pong Ball" 一词，直到 1900 年左右，由于轻工业的发展，出现了用赛璐珞制成的空心球，由于拍与球撞击发出 "乒" 而落台时发出 "乓" 的声音，故而中文中又称 "乒乓球"。

乒乓球技术的发展主要表现在球拍的不断革新和海绵胶皮科学研究的不断进步，从而使球的速度和旋转在相互竞争中推动乒乓球技术不断向前发展。到了 20 世纪 50 年代，日本的长抽打法日渐成熟，结合快速的步伐移动，击败了欧洲的下旋削球打法，从此使上旋打法占剧了优势。乒乓球海绵球拍的出现，使进攻的速度大大加快。日本的远台正手攻球，力量大、速度快，配合威胁性较大的反手发急球抢攻，打破了欧洲运动员的垄断地位。

早期的乒乓球
比赛

（二）中国乒乓球运动的发展

1904 年，乒乓球运动从日本传入中国。中华人民共和国成立后，1952 年 10 月，在北京举行了 "第一次全国乒乓球比赛大会"。从此，中国乒乓球运动迅速在全国发展起来，每年都要举行各种全国性或区域性的乒乓球比赛。1953 年，中国加入国际乒联。1953 年，中国乒乓球队首次参加了第 20 届世界乒乓球锦标赛。1959 年，容国团在第 25 届世界乒乓球锦标赛上夺得了中国史上的第一个世界冠军，从此中国乒乓球队跻身于世界强队行列。从 1959 年至今，中国乒乓球队一直雄居世界乒坛前列，战绩辉煌，一共获得了一百多个世界冠军，因此乒乓球也被视为我国的 "国球"。

二、羽毛球运动概述

（一）羽毛球运动的起源与发展

　　现代羽毛球运动诞生于英国。1870年，英国出现了用羽毛、软木做成的球和穿弦的球拍。1873年，英国公爵鲍弗特在格拉斯哥郡的伯明顿庄园里进行了一种隔网用拍子来回击打球的游戏，因这种游戏富有趣味性，游戏规则不断完善，技术也日益成熟，从而诞生了羽毛球运动，伯明顿（Badminton）也因此作为羽毛球的英文名称。1934年，由加拿大、丹麦、英格兰、法国、爱尔兰、荷兰等国家发起成立了国际羽毛球联合会（简称国际羽联），总部设在伦敦，主席为乔治·汤姆斯。国际羽联于1948—1949年举办的第1届世界男子羽毛球团体赛的奖杯，即由汤姆斯所赠。1978年，由亚非国家组成的世界羽毛球联合会（简称世界羽联）于香港成立，同年11月其举办了第1届世界羽毛球锦标赛。国际羽联和世界羽联于1981年宣布合并，统一称为国际羽毛球联合会。羽毛球在1992年巴塞罗那奥运会上被列为正式比赛项目。2006年，国际羽毛球联合会正式更名为羽毛球世界联合会，其总部位于马来西亚的吉隆坡。

羽毛球运动的
锻炼价值

（二）中国羽毛球运动的发展

　　羽毛球运动约于20世纪20年末传入我国。中华人民共和国成立后，羽毛球运动迅速发展。20世纪70年代，我国羽毛球队已跻身于世界强队之列。从20世纪80年代开始，我国羽毛球运动的竞技水平一直处于世界前列，中国羽毛球队获得多个世界冠军。

三、网球运动概述

（一）网球运动的起源与发展

　　网球是一项优美而激烈的运动，网球运动的起源和发展可以用四句话来概括：其孕育在法国，诞生在英国，普及和形成高潮在美国，现在盛行于全世界。

　　有人认为，网球运动最早起源于12世纪法国传教士在教堂回廊里用手掌击球的一种游戏。后来网球运动成为宫廷里的一种室内消遣娱乐活动。也有人认为，以前在法国民间流传的一种名叫海鸥·德·巴乌麦的球类游戏，据说这种游戏是两个人进行的，每人各执一个球拍，球场的周围筑有围墙，球撞到墙上后被弹回去，尔后过网。因此，无论从使用的场地和器具上，还是从进行游戏的方法上，它与现代

网球欣赏

网球运动都有许多相似之处，所以有人把它看作是网球运动的最初形态。

现代网球运动的历史一般是从 1873 年开始的。那年，英国人沃尔特·克洛普顿·温菲尔德将早期的网球打法加以改进，使之成为夏天在草坪上进行的一种体育活动，并取名为"草地网球"。因此，温菲尔德被称为近代网球的创始人。此后，网球便成为一项室内、室外都能进行的体育项目。同时，英国各地开始建立网球运动俱乐部。1875 年又建立了全英网球运动俱乐部，这个俱乐部建造了世界上的第一个网球场地，并于 1877 年举办了全英草地网球男子单打锦标赛，即后来闻名于世的温布尔登网球公开赛。在 1876 年，由一些地区的著名网球运动俱乐部派出代表，一起开会研究和讨论制定一个全英统一的网球规则。经过多次协商，各方代表对网球运动的场地、设备、打法和比赛等方面取得了一致的意见，并形成了一个统一的规则。大约在 1878 年以后，英国大多数网球俱乐部都逐渐按照新的打法开展活动，并进行训练和比赛。

1896 年在雅典举行的第 1 届现代奥运会上，网球的男子单打与双打被列为正式比赛项目。后来，由于国际奥委会和国际网球联合会在"业余运动员"界定问题上有分歧，已经进行了七届的奥运会网球比赛项目被取消。直到 1984 年的洛杉矶奥运会上，网球才被列为表演项目。在 1988 年的汉城奥运会上，网球重新被列为正式比赛项目。

（二）中国网球

1885 年前后，网球运动传入中国。中华人民共和国成立后，网球运动在起点低、基础差、交流少的情况下逐渐发展。1953 年，我国在天津首次举办了包括网球在内的四项球类（篮球、排球、网球、羽球）运动会，1956 年举办全国网球锦标赛。1994 年，中国大学生体育协会网球分会成立，它标志着中国大学生网球运动的发展有了新起点。中国大学生体育协会网球分会决定从 1994 年起每年举办一届网球比赛。2004 年雅典奥运会，李婷和孙甜甜夺得女子网球双打金牌。在 2006 年澳大利亚网球公开赛上，郑洁和晏紫夺得女子网球双打冠军。在 2014 年澳大利亚网球公开赛上，李娜获得女子网球单打冠军，她成为亚洲第一位大满贯女子网球单打冠军得主，近些年来，我国的网球氛围越来越浓厚，各种网球赛事越来越多。

第二节 小球运动主要赛事

一、乒乓球运动主要赛事

（一）世界乒乓球锦标赛

国际乒乓球联合会主办的世界乒乓球锦标赛，任何会员协会均可派运动员参加，是世界上最大规模的乒乓球赛事之一。世界乒乓球锦标赛共设七个项目：男子团体、女子团体、男子单打、女子单打、男子双打、女子双打、混合双打。

世界乒乓球
锦标赛欣赏

（二）奥运会乒乓球比赛

1981年，由国际乒联提出申请，国际奥委会决定将乒乓球列入1988年奥运会正式比赛项目。乒乓球项目共设男子单打、女子单打、男子双打和女子双打4块金牌。乒乓球进入奥运会后，大大提高了乒乓球运动在国际体坛的地位。

从2008年北京奥运会开始，中国乒乓球队已经包揽了连续三届奥运会的乒乓球比赛项目的全部金牌。

（三）乒乓球世界杯

乒乓球世界杯是国际乒联举办的一项大型赛事。为了进一步推动乒乓球运动在世界范围的发展，国际乒联于1980年在香港举行了第1届乒乓球世界杯，共16名选手参加，均为国际乒联指定的世界优秀选手和各大洲单打冠军及东道主的1名选手。乒乓球世界杯每年举行一届。由于乒乓球世界杯参加人数少、比赛时间短、水平高、比赛精彩，很受观众欢迎。

乒乓球世界杯
欣赏

（四）亚洲运动会乒乓球比赛

亚洲运动会是亚洲地区规模最大的综合性运动会。1951年，中华全国体育总会派代表参加了在印度举行的第1届亚洲运动会（以下简称亚运会）乒乓球比赛。

乒乓球是亚运会的主要项目之一。亚运会的比赛项目主要为奥运会项目，但不像奥运会那样对比赛项目有太严格的规定。每届亚运会除必须列入的一些广泛开展的运动项目，如田径、游泳、足球、篮球、排球，主办城市还可根据自身情况和运动员自身水平作适当的增减。在曼谷举行的第5届亚运会上才有了乒乓球项目。中国乒乓球队连续参加了多届亚运会，并取得了非常优异的成绩。

（五）亚洲乒乓球锦标赛

这是由亚洲乒乓球联盟的亚洲各国家、地区的各委员协会的乒乓球选手参加的锦标赛。它的比赛项目与乒乓球世界锦标赛一致。从1972年起，每两年举行一届。比赛期间召开亚洲乒乓球联盟代表大会。亚洲乒乓球锦标赛为促进亚洲乒乓球运动的发展做出了积极的贡献。

二、羽毛球运动主要赛事

汤姆斯杯世界
羽毛球男子团
体赛欣赏

（一）汤姆斯杯羽毛球赛

汤姆斯杯羽毛球赛，即世界男子羽毛球团体锦标赛。汤姆斯杯为国际羽联第一任主席乔治·汤姆斯于1939年所捐赠。首届汤姆斯杯羽毛球赛因第二次世界大战所阻，到1948年才举行。原来每3年举行一届，从1984年起改为每两年一届，在偶数年举行。其比赛由三场单打和两场双打组成。

尤伯杯世界
羽毛球女子
团体赛欣赏

（二）尤伯杯羽毛球赛

尤伯杯羽毛球赛是世界女子羽毛球团体锦标赛。尤伯杯由英国著名羽毛球运动员贝蒂·尤伯所赠，从1957年开始举办尤伯杯比赛，比赛方法与汤姆斯杯羽毛球赛基本相同。

（三）世界羽毛球锦标赛

世界羽毛球锦标赛是国际羽毛球联合会组织的羽毛球单项锦标赛事，共设有男女单打、男女双打和混合双打五个比赛项目。比赛从1977年起每3年举行一届，从1983年起改为每两年举行一届。

世界羽毛球
锦标赛欣赏

（四）苏迪曼杯赛

苏迪曼杯即世界羽毛球混合团体锦标赛。从1989年开始举办，每两年举行一届，与世界羽毛球锦标赛同在奇数年举行。比赛由男女单打、男女双打和混合双打五个项目组成。

（五）国际系列大奖赛

国际系列大奖赛是国际羽联参照世界网球大奖赛的办法组织的赛事，其始于

1983 年，国际羽联把全年的比赛分成若干赛区，由许多系列赛组成，根据运动员在各次比赛中的成绩积分进行排名，选出前 16 名运动员进行总决赛。

（六）奥运会羽毛球赛

1988 年，羽毛球被列为汉城奥运会的表演项目。1992 年，在巴塞罗那奥运会上羽毛球被列为正式比赛项目，设有男女单打、男女双打 4 块金牌。在 1996 年亚特兰大奥运会上，增设了混合双打项目。

三、网球运动主要赛事

（一）澳大利亚网球公开赛

澳大利亚网球公开赛，简称"澳网"，是网球四大满贯赛事之一。比赛通常于每年一月的最后两周在澳大利亚维多利亚州的墨尔本体育公园举行，是每年四大满贯中最先举行的一个赛事，也是最年轻的大满贯。澳大利亚网球公开赛创办于 1905 年，已经有 100 多年的历史。比赛创立之初比赛被命名为"澳大拉西亚锦标赛"；1969 年，比赛进入"公开赛时代"。自 1988 年起，比赛一直在墨尔本体育公园的室外硬地球场上进行。比赛设有男子单双打、女子单双打以及混合双打等项目。男子单打冠军奖杯是诺曼·布鲁克斯挑战杯，女子单打冠军奖杯是达芙妮·阿克赫斯特纪念杯。

澳大利亚网球公开赛欣赏

（二）法国网球公开赛

法国网球公开赛，简称"法网"，是一项在法国巴黎罗兰·加洛斯球场举办的网球赛事。比赛通常在每年的 5 月至 6 月进行，是每年第二个进行的大满贯赛事。

"法网"创办于 1891 年，是网球比赛唯一一个在红土球场上进行的大满贯比赛，其标志着红土赛事中的最高荣誉，同时也标志着每年红土赛季的结束。由于网球红土场地球上速较慢，且男子单打比赛采用五盘三胜制，因此参加比赛的运动员需要有着超群的技术和惊人的毅力。

法国网球公开赛赛事欣赏

（三）温布尔登网球锦标赛

温布尔登网球锦标赛，简称"温网"，是网球运动中历史最悠久和最具声望的世界性网球公开赛事，是网球四大满贯之一。温网的举办地在英国伦敦郊区的温布尔登，通常在 6 月或 7 月举办，是每年度网球大满贯的第三项赛事，排在澳大利亚网球公开赛和法国网球公开赛之后，以及美国网球公开赛之前，也是网球四大满贯中唯一的草地比赛。整个赛事通常历时两周。男子单打、女子单打、男子双打、女子双打和男女混合双打比赛在不同场地同时进行。温布尔登还举办有男子单打、女

温布尔登网球锦标赛赛事欣赏

子单打、男子双打、女子双打的青年比赛。此外，温布尔登还为退役球员举办特别邀请赛。

（四）美国网球公开赛

美国网球公开赛，简称"美网"，是每年度第四项，也是最后一项网球大满贯赛事，通常每年 8 月底至 9 月初在美国纽约举行，赛事共分为男子单打、女子单打、男子双打、女子双打和男女混合双打五项，并且也有青少年组的比赛。自 1978 年开始，赛事在纽约举行。

第三节　著名小球运动员简介

一、著名乒乓球运动员简介

（一）张继科

张继科，1988 年出生于山东省青岛市，中国男子乒乓球队运动员。他是乒坛历史上第 7 位大满贯选手，也是继刘国梁、孔令辉后的中国男乒史上的第 3 位大满贯选手。

（二）马　龙

马龙，1988 年出生于辽宁省鞍山市，中国男子乒乓球队运动员，奥运会乒乓球冠军。马龙于 2014 年任中国男子乒乓球队队长，乒坛史上第 10 位大满贯选手，首位集奥运会、世锦赛、世界杯、亚运会、亚锦赛、亚洲杯、巡回赛总决赛、全运会单打冠军于一身的超级全满贯男子选手。

二、著名羽毛球运动员简介

（一）谌　龙

谌龙，1989 年出生于湖北省荆州市，中国羽毛球运动员。2014 年，谌龙获得世界羽毛球锦标赛男单冠军。2016 年，谌龙获得里约奥运会羽毛球男单冠军。

（二）李宗伟

李宗伟，1982 年出生于马来西亚槟城，马来西亚羽毛球男子单打运动员。分别于 2008 年、2012 年、2016 年获得奥运会羽毛球男单亚军。

李宗伟的
体育之路

三、著名网球运动员简介

（一）李　娜

李娜，1982 年出生于湖北省武汉市，中国女子网球运动员。2008 年北京奥运会女子单打第四名，2011 年法国网球公开赛、2014 年澳大利亚网球公开赛女子单打冠军，亚洲第一位大满贯女子单打冠军。

李娜的体
育之路

（二）郑　洁

郑洁，1983 年出生于四川省成都市，中国著名女子网球运动员。1990 年开始练习网球，2001 年选调进入国家集训队。2003 年开始转入职业网坛；2004 年，郑洁成为中国第一位杀入网球四大满贯 16 强的运动员；2006 年，她和晏紫搭档摘下了澳网和温网的女子双打冠军。2008 年北京奥运会，郑洁与晏紫搭档摘得网球女双的铜牌。截至 2014 年底，郑洁个人职业生涯共获得 4 个 WTA 巡回赛单打冠军，15 个女子网球双打冠军。

（三）罗杰·费德勒

罗杰·费德勒，瑞士男子职业网球运动员，以全面稳定的技术、华丽积极的球风、绅士优雅的形象而著称。众多网球评论家、现役与退役的网球选手认为费德勒网球是历史上最伟大的球员之一。费德勒拥有职业网球联合会史上最长连续单打世界第一周数的纪录（237 周，2004—2008 年间），在四大满贯男子单打中斩获 19 次冠军，10 次亚军，2017 年 1 月 29 日，在澳网男单决赛战胜纳达尔，收获第五个澳网冠军、第 18 个大满贯冠军。

（四）塞雷娜·威廉姆斯

塞雷娜·威廉姆斯，又名小威，1981 年出生于美国密歇根州塞基诺市，美国女子职业网球运动员。截至 2017 年澳大利亚网球公开赛，共计获得 23 个大满贯冠军奖杯，是公开赛年代夺得大满贯次数最多的女子选手。

第四节 小球运动竞赛规则简介

一、乒乓球运动竞赛规则简介

乒乓球比赛
规则

（一）场地及器材

赛区空间应不少于 14 米长、7 米宽、5 米高，地面应平坦、坚硬、不滑。标准乒乓球台由两块台桌组成，每块长 1.37 米，总长 2.74 米，台面的宽度 1.525 米、厚度 0.035 米，离地面高 0.76 米，乒乓球台面四周为宽 0.02 米的白线，分别称为端线和边线，台面中间 0.003 米宽的白线为中线，在距台面 0.1525 米处有一球网。

（二）相关定义

乒乓球的相关定义见表 9-4-1。

表 9-4-1

相关定义	内 容
重发球	不予判分的回合
击 球	用握在手中的球拍或执拍手手腕以下部分触及处于比赛状态的球
端 线	球台的端线，包括球台两边的无限延长线
阻 挡	对方击球后，处于比赛状态的球尚未触及本方台区也未超过比赛台面或其端线，触及本方运动员或其穿戴的任何物品

（三）合法发球与合法还击

合法发球与合法还击的规则内容见表 9-4-2。

表 9-4-2

合法发球与还击	内 容
合法发球	发球时，手张开伸平，球应是静止状态。在发球方的端线之后和比赛台面的水平面之上。发球员须用手将球几乎垂直地面抛起，不得使球旋转，并使球离开手掌之后上升不少于 16 厘米。当球从抛起的最高点下降时，发球员方可击球
合法还击	对方发球或击球后，本方必须还击，使球直接触及对方台区，或触及球网装置后，再触及对方球台

（四）发球、接发球和方位的选择及比赛

发球、接发球和方位的选择及比赛的规则内容见表9-4-3。

表9-4-3

发球、接发球和方位 的选择及比赛	内　容
发球、接发球和方位 的选择	选择发球、接发球和方位的权力应由抽签来决定。中签者可以选择先发球 或先在某一方位
一局比赛和一场比赛	比赛中先得11分的一方为胜一局。如果打到10分平后，先多得2分的一 方为胜方。团体比赛一般采用五局三胜制，单项比赛采用七局四胜制

二、羽毛球运动竞赛规则简介

（一）场　地

羽毛球场地是一个长方形，长13.40米，单打场地宽5.18米，双打场地宽6.10米。球场四周2米以内、上空9米以内不得有任何障碍物。场地线的颜色最好是白色、黄色或其他容易辨别的颜色。场地上所有的画线宽度均为4厘米，所有场地线都是它所确定区域的组成部分。

（二）计分、赛间休息和交换场区规则简介

计分、赛间休息和交换场区的规则见表9-4-4。

表9-4-4

计分、赛间休 息与交换场区	内　容
计　分	（1）21分制，3局2胜制。 （2）每球得分制。 （3）每回合中，取胜的一方得1分。 （4）当双方均为20分时，领先对方2分的一方赢得该局比赛。 （5）当双方均为29分时，先取得30分的一方赢得该局比赛。 （6）一局比赛的获胜方在下一局率先发球
赛间休息	（1）在一局比赛中，当领先的一方达到11分时，双方有不超过60秒的休息时间。 （2）在两局比赛间，双方有不超过2分钟的休息时间
交换场区	（1）第一局结束。 （2）第二局结束（如有第三局）。 （3）在第三局比赛中，一方先得11分时

羽毛球比赛
基本规则

（三）单打和双打的发球与接发球规则简介

单打和双打的发球与接发球规则见表9-4-5。

表9-4-5

发球与接发球规则简介	内　容
单　打	（1）在一局比赛开始（比分0：0）或发球方得分为0或双数时，发球方在右半场进行发球。当发球方得分为单数时，发球方在左半场进行发球。 （2）如果发球方得1分，那么下一回合由其在另一发球区继续发球。 （3）如果接发球方得1分，那么下一回合其成为新发球方
双　打	（1）与单打一样，发球方得分为0或双数时，发球方在右半场进行发球；当发球方得分为奇数时，发球方在左半场进行发球。 （2）如果发球方得1分，那么下一回合其继续发球，且发球人不变。 （3）如果接发球方得1分，那么下一回合其成为发球方。 （4）当且仅当发球方得分时，发球方的两位运动员交换左右半场。

三、网球运动竞赛规则简介

网球比赛
基本规则

（一）场地及器材

网球的场地及器材的规则内容见表9-4-6。

表9-4-6

场地和器材	内　容
球　场	单打比赛场地应为长23.77米、宽8.23米的长方形。中间由一条挂在最大直径为0.8厘米的网绳或钢丝绳上的球网分开。双打比赛场地宽为10.97米
球　网	球网网绳或钢丝绳最大直径为0.8厘米，网的两端应附着或挂在两个网柱顶端，每侧网柱的中心应距场地0.914米，网柱的高度应使网绳或钢丝绳顶端距地面的垂直距离为1.07米。球网中点的高度应为0.914米，并且用不超过5厘米宽的完全是白色的网带向下绷紧固定。球网上端的网绳或钢丝绳要用一条白色的网带包裹住
球场线	球场两端的界线叫底线，两边的界线叫边线。在距离球网两侧6.4米的地方各画一条与球网平行的线，为发球线。每一条底线都被一条长为10厘米、宽为5厘米的发球中线的假定延长线分为相等的两个部分，并由一条短线分隔，该短线为"中心标志"，除了底线的最大宽度可以为10厘米外，所有其他线的宽度均应在2.5厘米到5厘米之间。场地的所有测量都应以线的外沿为基准。每条底线后应留有不小于6.40米的余地，在每条边线外应留有不小于3.66米的余地
永久固定物	网球场地上的永久固定物不止包括球网、网柱、单打支柱、网绳、钢丝绳、中心带及网带，以下情况也算永久固定物，如球场四周的挡板、看台、环绕球场固定或可移动的椅子、观众，以及所有场地周围和上方的配套设施，还包括处于各自预定位置的裁判、司网裁判、司线员和球童等。 如果广告位于球场后侧司线的椅子后面，则广告中不能包括白色或黄色。浅色只有在不干扰球员视线的情况下才允许被使用

（二）发球

网球发球规则的内容见表 9-4-7。

表 9-4-7

发　球	内　容
发球前的规定	发球员在发球前应先站在底线后，双脚位于中心标志的假定延长线和边线的假定延长线之间，用手将球向空中任何方向抛起，在球接触地面以前，用球拍击球（仅能用一只手的运动员，可用球拍将球抛起）。当球拍与球接触时，就算完成球的发送。如果发球员向上抛球准备发球时，又决定不击球而将球接住，不算发球失误
发球时的规定	发球员在整个发球动作中，不得通过行走或跑动改变原来站的位置，两脚只准站在规定位置，不得触及其他区域
发球员的位置	（1）每局开始后，先从右侧半区底线后发球，得或失一分后，应换到左侧半区发球。 （2）发出的球应从球网上越过，落到对角的对方发球区内
发球失误	（1）未击中球；发出的球，在落地前触及永久固定物（球网、中心带和网边白布除外）；违反发球站位规定。 （2）发球员第一次发球失误后，应在同一半区进行第二次发球
重新发球	发球触网后，仍然落到对方发球区内；球发出时，接发球员未做好接球准备等，均应重新发球
交换发球	第一局比赛终了，接发球员成为发球员，发球员成为接发球员。以后每局终了，均依次互相交换，直至比赛结束

（三）比赛通则

网球比赛通则的内容见表 9-4-8。

表 9-4-8

比赛通则	内　容
交换场地	双方应在每盘的第 1、3、5 等单数局结束后，以及每盘结束双方局数之和为单数时，交换场地
失　分	发生下列任何一种情况，均判失分。 （1）在球第二次着地前，未能将球还击过网。 （2）还击的球触及对方场区界线以外的地面、固定物或其他物件。 （3）还击空中球失败。 （4）故意用球拍触球超过一次。 （5）运动员的身体、球拍，在发球期间触及球网。 （6）过网击球。 （7）抛拍击球
压线球	落在线上的球都算界内球

（四）双打细则

双打细则的内容见表 9-4-9。

表 9-4-9

双 打	内 容
双打发球次序	每盘第一局开始时，由发球方决定由何人首先发球，对方则同样地在第 2 局开始时，决定由何人首先发球。第 3 局由第 1 局发球方的另一球员发球。第 4 局由第 2 局发球方的另一球员发球。以下各局均按这一次序发球
双打接发球次序	先接发球的一方，应在第 1 局开始时，决定何人先接发球，并在这盘单数局，继续先接发球。同样在第 2 局开始时，双方应决定何人接发球，并在这盘双数局继续先接发球。他们的同伴应在每局中轮流接发球
双打还击	发球后，双方应轮流由该队的任何一名队员还击。如果运动员在其同队队员击球后，再以球拍触球，则判对方得分

（五）计分方法

网球比赛计分方法的内容见表 9-4-10。

表 9-4-10

计分方法	内 容
一 局	（1）每胜 1 球得 1 分，先胜 4 分者胜 1 局。 （2）双方各得 3 分时为"平分"，平分后，一方净胜 2 分为胜 1 局
一 盘	（1）一方先胜 6 局为胜 1 盘。 （2）双方各胜 5 局时，一方净胜 2 局为胜 1 盘
平局决胜局计分制	在每盘的局数为 6 平时，有以下两种计分制。 （1）长盘制：一方净胜 2 局为胜 1 盘。 （2）短盘制（抢七）：决胜盘除外，除非赛前另有规定，一般应按以下办法执行。 ①先得 7 分者为胜该局及该盘（若分数为 6 平时，一方须净胜 2 分）。 ②首先发球员发第 1 分球，对方发第 2、3 分球，然后轮流发 2 分球，直到比赛结束。 ③第 1 分发球在右半区发出，然后交替从场地的两个半区发球。 ④每 6 分球和决胜局结束都要交换场地

第十章

健身健美俱乐部指南

>> 本章导言

健美运动是一项以增进健康、发展肌肉力量、增强体力、美化形体和陶冶情操为目的的运动项目；健美操是在音乐伴奏下，以身体练习为基本手段，以有氧运动为基础，从而达到增进健康、塑造形体和娱乐身心的目的的一项全身性体育运动；瑜伽体式借助扭曲、弯曲、伸展的静态身体动作和动作间的止息时间，刺激腺体、按摩内脏，有松弛神经、伸展肌肉、调整脊柱、巩固关节、镇静心灵的健身价值。

>> 学习目标

1. 了解健美运动的起源和发展。
2. 了解健美操运动的起源和发展和健身价值。
3. 了解体育舞蹈的起源和发展及编排方法。
4. 了解瑜伽和普拉提的健身价值。

第一节 健美运动

中国健美运
动的发展

一、健美运动的起源和发展

　　健美运动起源于古希腊，但其作为一项体育锻炼项目，是从近代欧洲兴起的。德国的体育家、表演家、艺术家尤金·山道是健美运动的创始人。山道自幼体弱多病，10岁那年，他随父亲到意大利的罗马旅游，在参观美术馆时，他被那些古代角力士雕像的健美体魄深深地吸引，于是他开始每天坚持锻炼。山道18岁进入大学学习，并且学习了人体解剖学，为他科学锻炼打下了基础。由于山道从实践中摸索出了一套发达肌肉的锻炼方法，不到4年，他全身的肌肉发达到可与古代角力士雕像相媲美。1901年9月，山道在英国伦敦举办了世界首次健美比赛，并担任裁判工作。比赛取得了极大的成功，并且对健美运动产生了深远的影响。1946年，国际健美联合会成立。女子健美运动始于20世纪40年代，初期只是身材、体姿和容貌的"选美"比赛，并且在男子健美比赛后安排女子健美表演，在20世纪60年代后才有正式的女子健美比赛。1977年10月，在美国俄亥俄州举行了世界上第一次女子健美比赛。1980年，国际健美协会正式成立妇女委员会，女子健美被列为正式比赛项目。

　　自1965年起，每年举行一次由职业运动员参加的奥林匹亚先生大赛；从1980年开始，每年举行一次奥林匹亚小姐大赛，这两项大赛是世界健美运动最高规格的比赛。

二、健美运动的锻炼方法

（一）负功训练法

1. 负功训练与正功训练相结合

　　当负功训练与正功训练相结合时，练习者放下重物的时长是举起重物的时长的2倍，若举起重物用1秒，则放下重物用2秒。

2. 纯负功训练

　　练习者可用外力先将重物置于高位，然后再以自身力量将重物慢慢放下。例如，卧推时，由同伴将杠铃提至练习者两臂伸直能握杠铃横杠的高度，然后，练习者控制杠铃，慢慢将杠铃下降至触及胸部为止。

（二）动力训练法

动力训练法，又称等张训练法，是肌肉收缩时，肌肉长度发生缩短，张力不变的收缩锻炼，是健美练习中最常见的一种锻炼形式。例如，锻炼肱二头肌时反握弯举，锻炼股四头肌时深蹲。

（三）静力训练法

静力训练法，又称等长训练。静力训练法与动力锻炼法相反，即练习者在做动作时，肌纤维虽然积极收缩，但肌肉的总长度并没有改变，只是使参加活动的肌肉群处于持续紧张状态。例如，练习者手持哑铃，两臂则平举至肩水平面时，保持不动数秒，并使三角肌极力紧张，而后再循原路线放下哑铃。

（四）循环训练法

循环训练法的特点是不单调，有趣味，肌肉局部负担不重，不易疲劳，适宜初练健美者采用。在编排动作次序时，不要将锻炼同一肌群的动作连接在一起，应分开交叉编排。例如，杠铃（哑铃）的反握弯举不宜与单杠窄距反握引体向上连接在一起，因为这两个动作主要用来锻炼肱二头肌。

健美运动的
特点

（五）定重训练法

定重训练法，即所采用的器械重量不变，但不能太轻。例如，哑铃弯举，第一组能举起 5 次，第二、三组只能举起 3 次，第四组尽全力只能举 1 次，那么这一套动作就算结束。

健美运动的
锻炼价值

（六）金字塔式训练法

金字塔式训练法是练习每一个动作所采用的重量由轻到重，再由重到轻。此练习法，举起重物的重量与次数成反比，即若杠铃重，则举的次数相应减少。

（七）组合训练法

组合训练法就是把不同的练习手段，在训练中有机地结合的训练方法，以锻炼同一部位和不同部位的肌肉。

第二节　健美操运动

一、健美操运动的起源和发展

我国健美操运动发展简况

　　现代健美操起源于 20 世纪 60 年代初期，最早是美国航空航天局的医学博士库伯为宇航员设计的体能训练内容，并很快风靡世界。20 世纪 70 年代末健美操作为一项独立的体育运动项目在体育运动爱好者之间流传开来，其明显的标志是《简·方达健美术》的出版发行。好莱坞演员简·方达对健美操运动在世界范围内的流行与发展起了巨大的推动作用。

　　日本的健美操竞赛制度将竞技性健美操与健身性健美操有机结合起来，调动了广大群众的积极性，吸引了更多的健美操爱好者，进一步推动了健美操运动的发展。同时，日本健美操的开展对周边国家产生了积极影响。

　　健美操不仅在许多发达国家蓬勃发展，而且在一些发展中国家和地区也得到不同程度的开展，它以强大的生命力迅速在全世界流行起来，越来越多的人喜爱健美操运动并积极地参与到健美操锻炼中来，形成了世界范围的"健美操热"。

　　目前，在国际上较具影响力的健美操组织有 7 个，包括国际健身协会、国际有氧运动与体适能联合会、澳大利亚健身集团、亚洲运动与专业体适能学院、国际体操联合会健美操委员会、国际健美操冠军联合会和国际健美操联合会。这些健美操国际组织均致力于健美操运动的发展及其在全世界的普及，为扩大健美操在世界范围的影响、提高运动技术水平作出了重要贡献。

二、健美操运动的分类

（一）健身性健美操

　　健身性健美操，也称大众健美操，其动作简单，实用性强，音乐节奏较慢。为了保证练习者能有一定的运动负荷和其锻炼的全面性，健身性健美操的动作多为重复，并以对称的形式出现。健身性健美操练习的主要目的是锻炼身体、保持健康。

　　健身性健美操按练习形式可分为徒手健美操、器械健美操和特殊场地健美操。

（二）竞技性健美操

竞技性健美操是一项在音乐伴奏下，能够表现连续、复杂和高强度的成套动作的运动项目，该项目起源于传统的有氧健身运动。竞技性健美操的主要目的是"竞赛"。

竞技健美操比赛的项目包括：男子单人操、女子单人操、混合双人操、三人操、集体五人操、有氧舞蹈和有氧踏板。

（三）表演性健美操

表演性健美操是事先编排好的、专为表演而设计的成套健美操，时间一般为2～5分钟。表演性健美操的主要目的是"表演"。

表演性健美操的动作比健身性健美操的动作更为复杂多变，因此对参与者的身体素质要求较高，不仅要求参与者具备较好的协调性，还要有一定的表演和集体配合的意识。

健美操运动
的特点

三、健美操运动的功能

（一）增进健康美功能

一个具有健康美的人，应该具备良好的心肺耐力、肌肉力量、平衡性、灵敏性和柔韧性等身体素质。有氧运动最能发展人体的心肺功能，增强心肌功能，增加肺活量，减少患呼吸系统疾病的概率。健美操不仅具有有氧运动的功效，而且兼备提高身体柔韧素质和灵敏素质的作用。因此，健美操是目前发挥身体全面素质的较为理想的运动。

（二）塑造形体美功能

健美操运动可以塑造健美的形体。首先，通过进行健美操练习，尤其是力量练习，可使骨骼粗壮、肌肉围度增大，使人体变得匀称健美。其次，练习健美操还可消除体内和体表的多余脂肪。

（三）缓解精神压力，娱乐身心功能

健美操作为一项体育运动，练习者在节奏强烈的音乐伴奏下练习，不仅可以全面锻炼身体，还可以缓解精神压力。在轻松优美的健美操锻炼中，练习者的注意力从烦恼的事情上转移，忘掉失意和压抑的情绪，尽情享受健美操运动带来的欢乐，获得内心的安宁，从而缓解精神压力，使人具有更强的活力和最佳心态。

（四）医疗保健功能

健美操作为一项有氧运动，其特点是强度低、密度大，运动量可大可小，容易控制，除了对健康的人具有良好的健身效果外，对一些患者、残疾人和老年人也是一种医疗保健的理想手段。

第三节　体育舞蹈

一、体育舞蹈的起源和发展

体育舞蹈起源于欧美传统交谊舞蹈。据资料记载，体育舞蹈从古代土风舞开始，经历了对舞、圈舞、行列舞、集体舞等演变形式。19世纪末20世纪初，在北美和南美出现了布鲁斯、慢四步、慢华尔兹、狐步舞等舞蹈。1924年，英国皇家舞蹈教师协会集中了交谊舞专家，将各种舞蹈的舞姿、舞步、跳法加以规范，从而在国际上形成了比较统一的舞蹈形式，并举办了大型的舞蹈比赛。此后，体育舞蹈在世界舞坛上影响越来越大，受到世界各国的重视。目前，国际上存在着两个国际体育舞蹈组织，即世界舞蹈理事会和国际体育舞蹈联合会。

二、体育舞蹈的分类

体育舞蹈共分两个项群，十个舞种。第一个项群为摩登舞；第二个项群为拉丁舞。（表10-3-1、表10-3-2）

表10-3-1　摩登舞

舞　名	起　源	舞曲节奏	特　点
华尔兹	德　国	$\frac{3}{4}$拍，每分钟28～30小节	音乐轻柔、舞姿雍雅、气质典雅、步法婉转曼妙
维也纳华尔兹	奥地利	$\frac{3}{4}$拍，每分钟56～60小节	音乐流畅、舞态婆娑、步法周旋翩跹
探　戈	非　洲	$\frac{2}{4}$拍，每分钟33～34小节	音乐华丽、舞姿刚劲、步法顿挫磊落
狐步舞	美　国	$\frac{4}{4}$拍，每分钟33～34小节	音乐恬愉、舞态潇洒、步法行云流水
快步舞	英　国	$\frac{4}{4}$拍，每分钟50小节	音乐逍遥、舞态轻盈、步法轻快灵活

表 10-3-2　拉丁舞

舞　名	起　源	舞曲节奏	特　点
伦　巴	古　巴	$\frac{4}{4}$拍，每分钟 27～29 小节	音乐缠绵、舞态柔媚、步法婀娜款摆
恰恰恰	墨西哥	$\frac{4}{4}$拍，每分钟 32～34 小节	音乐有趣、舞态花俏、步法利落紧凑
桑　巴	巴　西	$\frac{2}{4}$拍，$\frac{4}{4}$拍，每分钟 52～54 小节	音乐欢欣、舞态生动、步法摇曳绵密
斗牛舞	西班牙	$\frac{2}{4}$拍，$\frac{6}{8}$拍，每分钟 60～62 小节	音乐雄壮、舞态威猛、步法悍厉奋张
牛仔舞	美　国	$\frac{4}{4}$拍，每分钟 42～44 小节	音乐热烈、舞态奔放、步法活泼奔放

三、体育舞蹈的编排

（一）编排的依据

不同的目的、任务；不同对象的特点；国际发展趋势；体育美学的形式、法则。

（二）编排的要素

动作要素；节奏要素；空间要素，包括方向路线、队形变化和移动；时间要素。

（三）个人成套动作的编排

个人成套动作是指选手为了训练、比赛和表演而编排的成套动作。一般分为两大类：基本类动作组合（指定步法）和提高型动作组合。

（四）团体舞的编排

1. 音乐的选择

在选编音乐时，应根据队员的技术实力、特点，合理地分布每个舞种的时间和交替次数。音乐也应该多选节奏清晰、气势宏大和优雅动听的舞曲或舞曲以外的音乐。注意音乐节奏的快与慢，强与弱，平缓与高潮的合理搭配，以产生出较强的艺术效果。

2. 队形的编排

团体舞共 8 对选手，通过对许多舞步的组合，变换出丰富多样的队形，是团体舞主要的特点，队形变换的方式、数量是竞技的主要内容。因此，在一套动作中

体育舞蹈比
赛场地、音
乐、服装

体育舞蹈竞
赛的裁判及
评判依据

要大量地变换队形，组合出多姿多彩的图案。在编排中要发挥本队特点，把不同类型的队形图案先设计出来，再与音乐有机地结合。整个队形之间的变化要自然、合理，要区别对待各舞种。

3. 动作组合的编排

动作组合是队形变换、过渡音乐的基础。在动作步法的使用上，应优先考虑线条较舒展、缓慢、节奏清晰、富于流动性的动作。在编排中，由于每位选手所处位置、路线的不同，做同一动作时，转度、步幅也会不同。编排时，应注意所选动作的灵活性，以免出现牵强的衔接，使整套动作不协调。

第四节　瑜伽与普拉提

一、瑜　伽

（一）瑜伽概述

瑜伽是梵文"Yoga"的音译，意思是自我和原始动因的结合或一致。瑜伽起源于印度，是一种身体锻炼方法，由最初创立时的八万多个姿势演变和精炼到现在的几百个，并形成了不同的瑜伽体系。在我国流行的瑜伽不仅吸收了古老瑜伽中的精髓，还融入了我国传统医学——经络学说，同时加入了一些时尚健身的新内涵，对瑜伽作出了全新的诠释。瑜伽在20世纪80年代末90年代初传入我国，作为一种既传统又时尚的健身方式，以其特有的魅力在我国得到了迅速的发展。

瑜伽包含动功和静功。动功是在静功的基础上配合肢体的运动，以动求静，即肢体在动而内心却静，内外合一。静功包括休息术、调息功、静坐等。练习瑜伽，可以提高人体的新陈代谢水平，促进全身的血液循环，增强心血管系统、呼吸系统、消化系统和内分泌系统的功能，还可以增加肌肉力量，增强关节、韧带的柔韧性，预防和缓解某些疾病，同时还能使身心得到放松，达到减压、消除疲劳和紧张感的目的。

（二）瑜伽呼吸法

1. 腹式呼吸

仰卧或直背坐立，一手放于腹部。吸气时，把空气直接吸入腹部，如果吸气动作做得正确，手就会被腹部抬起，吸气越深腹部升起越高。随着腹部的扩张，横膈膜就会向下降。而呼气时，腹部会向内、向脊柱方向收缩。尽量收缩腹部，把所有空气呼出双肺，此时，横膈膜向上升起。

2. 胸式呼吸

仰卧或直背坐立，深深吸气，但不要让腹部扩张，应把空气直接吸入胸部区域。在胸式呼吸中，胸部区域扩张时腹部应该保持平坦。吸气越深，腹部越向内、向脊柱方向收缩。吸气时，肋骨向外和向上扩张；呼气时，肋骨向下并向内收。

3. 完全呼吸

完全呼吸是把腹式呼吸和胸式呼吸结合起来完成的呼吸法。练习完全呼吸时，轻轻吸气，首先，把空气直接吸向腹部区域，待腹部鼓起的时候，空气就开始充满胸部区域的下半部分，然后，充满胸部的上半部分。胸部尽量吸满空气并且扩张到最大限度，此时两肩略微升起。然后，腹部向内收紧。接着，按相反的顺序呼气：首先放松胸部，然后放松腹部，用收缩腹部肌肉的方法结束呼气。随后，再次慢慢吸气，先将空气充满腹部，如此循环下去。

4. 口吸式呼吸

向内吸一口气，两手拇指按向鼻子两侧，口中充满气，仰头，屏住呼吸，低头，停住。抬头，放松拇指，通过鼻孔呼气。口吸式呼吸能提高肺活量，集中能量，刺激神经系统。口吸式呼吸有站立、坐式、地面（仰卧）站立和前弯、后仰、侧弯、斜面等多种形式。

（三）瑜伽的分类

1. 哈达瑜伽

在"哈达"一词中，"哈"的意思是太阳，"达"的意思是月亮。因此，哈达意味着平衡，代表着无论是男与女、日与夜、正与负、阴与阳、冷与热，或者任何其他对立两者的平衡。

哈达瑜伽主要是控制身体和呼吸，这是所有瑜伽分支中较实用，也是最为西方所熟悉的一个分支。哈达瑜伽的训练包括身体姿势、呼吸和放松技巧，这些技巧对神经系统、各种腺体和维持生命的内脏器官，都大有帮助。哈达瑜伽的目的在于提升身体的活力，以及唤醒蛰伏的能量。

2. 智者瑜伽

智者瑜伽为练习者通过研习知识以及自己感兴趣的经文，同时进行冥想，进而达到自知之明的瑜伽方式。

3. 业瑜伽

业瑜伽是通过无私活动和服务来实践的，业瑜伽有时也被称为"行为瑜伽"。

瑜伽练习的
注意事项

瑜伽练
习场地

二、普拉提

（一）普拉提概述

约瑟夫·普拉提是普拉提运动的发明者，于1880年出生在德国，从儿童时代起就患有佝偻病和哮喘。为了加强身体锻炼，强健体魄，他学习了许多可以帮助身体健康的运动方法，如体操、拳击、健身和钻研东西方养生术等。通过不断的运动和学习，他把在运动过程中每一个动作和肌肉的感受及控制方法很好地记录了下来，并把这些感受与运动融合在一起，创造出了自己的普拉提运动哲学，并于20世纪初发展了他的训练方法。普拉提把他创造的运动方法取名为"控制的艺术"或"肌肉控制"。

最初普拉提只运用于两大领域，即专业舞蹈团体进行肌肉的训练和医疗康复机构患者痊愈后的机体功能及肌肉力量的恢复。现在，普拉提泛指所有运用普拉提动作来锻炼的课程，这种课程主要是针对腹肌、髋肌群、肩、背等核心肌群进行的肌肉训练。有规律地进行普拉提运动可纠正身体姿态，放松腰部、颈部，解决肩部问题，收紧手臂、腹部的松弛肌肉。现在很多专业的运动员也用普拉提运动来避免运动损伤，同样现在很多艺人也练习普拉提来瘦身和保持身材。

普拉提有两大类，即器械普拉提和垫上普拉提。垫上普拉提是练习者常采用的，也被认为是普拉提最具有代表性的训练。通过普拉提练习可以改善和摆脱错误的站立姿态及错误姿态所带来的背痛困扰，使练习者的姿态在不知不觉中变得更正确和优美。普拉提可以改善身体力量，柔韧性及线条。普拉提的练习动作是缓和、延展性的收缩，练习者在提升肌肉力量的同时可使肌肉线条更加修长，使肌肉变的结实且不松垮，特别是腰腹部的肌肉。在练习普拉提的人们之间流行着这样一句话："练习普拉提10次后，你将发现自己的变化；20次后别人将发现你的变化；30次后你将拥有一个全新的肌体。"普拉提还可以预防腰酸背痛及帮助身体肌肉康复，通过改善身体的控制、肌肉力量与协调性，从根本上改善背痛、运动伤害等的困扰。

（二）普拉提的训练原则

1. 循序渐进原则

与任何锻炼方式一样，普拉提练习会有一个适应过程。进行普拉提练习时，在简单的热身和身体的伸展之后可以选择一些难度不大的动作，以唤醒身体的运动感觉，提升神经对于肌肉的控制协调能力，然后再逐步增加动作的难度，最后可以尝试一些高难度动作，最后再进行一些身体的伸展和放松练习。在每一次练习过程中需要注意动作编排顺序的循序渐进。

2. 针对性原则

针对性原则为要根据练习者的身体状况和运动基础，来选择合适的练习动作。练习者也可以根据实际需要来编排适合自己的动作来练习。

3. 全面性原则

普拉提的训练目的在于获得一个健康的身体，因此不要完全凭着喜好来选择练习动作。

4. 平衡性原则

通常情况下，在练习时安排了身体左侧的动作，就必须安排右侧同样的动作练习；安排了仰卧躯干屈曲的动作，就必须安排俯卧躯干伸展的动作来平衡肌肉，身体左右两侧的动作选择，伸展的停留以及呼吸次数应该保持一致。但有时候，平衡并不意味着绝对的一致，对于某些身体已经失衡的练习者，可以适当增加较弱一侧肌肉的力量练习，同时伸展过度紧张僵硬的一侧肌肉。

5. 流畅性原则

流畅性原则为练习过程中每一个动作步骤的连接应该是连贯的，动作表现应该是整体看起来流畅、舒展。整节普拉提练习不像力量训练那样需要动作之间存有间歇休息，因此流畅性原则除了体现在单个动作上以外，通常也适用于整节练习课程的动作编排。比如，动作之间的连接过渡尽量将体位一致或有联系的动作安排在一起，以免不同姿势的频繁转换破坏了整个练习的连贯性。

第十一章

户外运动俱乐部指南

》 本章导言

户外运动是在室外的自然环境或场地中进行的一组集体项目群，包括登山、攀岩、悬崖速降、野外露营、野炊、定向运动、溪流和探险等。

》 学习目标

1.了解户外运动的起源和发展。

2.了解常见的户外运动项目。

3.了解户外运动的基本装备和穿着。

第一节　户外运动概述

一、户外运动的起源和发展

　　户外运动起源于 18 世纪末阿尔卑斯山脉的登山探险运动，并于 20 世纪风靡全世界。在欧美国家，人们把户外运动当作一种健康的生活方式。据史料记载，法国著名科学家德·索修尔为探索高山植物资源，渴望能有人帮他登上在当时看来是不可逾越的险阻——阿尔卑斯山顶峰勃朗峰（海拔 4810 米，是西欧的第一高峰）。他于 1760 年 5 月在阿尔卑斯山下的夏木尼镇贴出一则告示："凡能登上或提供登上勃朗峰之巅线路者，将以重金奖赏。"直到 26 年后的 1786 年 6 月，夏木尼镇一位名叫巴卡罗的医生揭下了告示，他经过两个多月的准备，与当地山区水晶石采掘工人巴尔玛结伴，于 8 月 6 日首次登上了勃朗峰。

　　1787 年 8 月 3 日，由德·索修尔本人率领，巴尔玛作为向导的一支 20 多人组成的登山队，再次登上了勃朗峰，揭开了现代登山运动的序幕。在整个登山过程中，他们进行了有关人体生理、自然环境等多方面的考察，获得了许多登山科学的宝贵资料。后来，人们把登山运动称为"阿尔卑斯运动"，把 1786 年作为登山运动的诞生年，把阿尔卑斯山下的夏木尼镇作为登山运动的发源地，德·索修尔、巴尔玛等人则成为世界登山运动的创始人，并得到了国际登山界的公认。

　　早期的户外运动其实是一种生存手段，采药、狩猎和战争等活动无一不是人类为了生存或发展而被迫进行的活动。第二次世界大战期间，英国特种部队在自然屏障和绳网的协助下进行障碍训练，其目的是提高部队的野外作战能力和团队合作能力，这是户外活动第一次被人类系统地、有目的地运用到实际中。第二次世界大战后，战争逐渐远离人们的生活，经济慢慢发展，户外运动开始走出军事和求生的范畴，成为人类娱乐、休闲和提升生活质量的一种新的生活方式。自从 1989 年新西兰举办的首次越野探险挑战赛获得成功以后，全世界如火如荼地开展了形式多种多样的户外运动和比赛：在欧洲，每年都举行众多的户外运动大型挑战赛；在美国，户外运动的参与人数和产值都稳居所有体育运动的第三位。

定向运动

二、户外运动的定义

"户外运动"一词来源于英文"Outdoor Sport"。随着户外运动由少数人的登山运动，逐渐发展成为大众化的休闲行为，学者对户外运动的研究，更多的是从休闲的角度去诠释。

我国国家体育总局登山运动管理中心对户外运动下的定义是："户外运动是一组以自然环境为场地（非专用场地）的带有探险性质或体验探险的体育项目群。"也有学者提出，户外运动所指的是在自然场地进行的体育运动。自然场地包括大自然（山、水、天、地等）和人们为了非体育目的而进行活动的场所。国内相关研究对户外运动形成了以下几个方面的共识。

（1）户外运动是人类与大自然的紧密结合。现代户外运动是城市化发展的产物。现代社会高效率、快节奏的生活方式使现代人必须经常地面对激烈的竞争和身体超负荷运行，从而使自己常处于高度紧张的工作状态中，并且与大自然交流的机会越来越少。于是，人们厌倦了都市中"水泥森林"的生活，开始把城市郊区和各种生态良好的自然环境作为目标，远离城市的喧嚣，摆脱工作和生活中的压力，在宁静优美的自然环境中娱乐身心，充分享受自然山水和新鲜空气给人的身心带来的愉悦和轻松的感觉。因此，户外运动与其他的运动相比，具有人与自然紧密融合的特点，满足了人们回归自然，亲近自然的需要。

（2）户外运动具有体育运动的性质。人们在进行户外运动的过程中都会进行不同强度的体育运动，如徒步、滑雪、登山和骑自行车等。因此，户外运动就是人们在自然环境中，用体育运动的方式来释放自己的压力和娱乐身心。

（3）户外运动具有一般体育运动的性质。在我国，户外运动的管理权归体育部门，故大多数学者在给户外运动下定义时，也强调户外运动是具有体育特性的体育运动。同时，户外运动的全程具有暂时性、不同地域性、非就业性、集合性和符合旅游的性质。并且户外运动也符合旅游科学专家国际联合会所采用的对旅游的定义：旅游是非定居者的旅行和暂时居留而引起的现象和关系的总和。因此，也有不少学者提出了户外旅游、户外运动旅游和户外休闲旅游等概念，认为仅仅从体育运动的角度去诠释户外运动，不利于户外运动的发展，也应该从旅游的角度去看待户外运动。随着休闲逐渐成为人们日常生活的重要部分，国内已经有学者认为户外运动属于运动休闲项目，应该从休闲的角度去看待户外运动。我国户外运动的发展要注重的几个方面的因素如下。

加强理论基础研究。尽量统一和规范一些概念性的描述，要加强基本理论的研究以求达成共识。

丰富研究方法。目前，定性研究在国内的研究中居多，通过建立模型和框架体系进行定量研究，是值得推广的研究方法，同时要加强跨学科的研究。

拓宽研究视角。尽量避免重复地对一个问题进行无创新的研究，努力开拓新的研究领域，丰富户外运动的研究内容。

重视产业和安全问题的研究。目前，户外运动产业在我国初步形成，市场还不规范，需要积极的引导。同时，安全问题与户外运动参与者的生命安全息息相关，若不谨慎地进行户外运动就是拿生命冒险，因此，要时刻警钟长鸣。

第二节　常见的户外运动项目及其装备

一、常见的户外运动项目

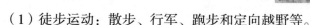

（一）水面运动及航海运动

（1）潜水：潜泳、水下定向和水下摄影等。
（2）游泳：游泳、跳水、水球和漂流等。
（3）航海运动：冲浪、滑水、风帆、舯板、帆船、游艇、摩托艇和水上摩托等。

（二）徒步运动及单车运动

（1）徒步运动：散步、行军、跑步和定向越野等。
（2）单车运动：公路车长途、山地车越野、小轮车机动和山地速降等。

（三）山地运动及地下活动

（1）登山：徒步登山、攀爬登山和攀登雪山等。
（2）速降：滑雪、滑梯、滑草、岩降和溪降（车降、滑降）等。
（3）攀爬：攀岩、攀石和器械攀登等。
（4）探洞：探天然洞穴、人工洞穴和水下溶洞等。

（四）野营活动及猎捕饮食

（1）野营露宿、打猎野炊、采集花草、模拟野战、拓展训练和荒岛生存等。
（2）钓鱼（塘钓、海钓和钓虾）、捕鱼捉蟹、捉蟛逮鼠、捉虫捕蝶和烧烤烹调等。
（3）摄影写生、地质考察、采集矿石、调查民俗、考察古迹和采访奇闻等。

（五）机动车船及航空运动

（1）摩托车运动：山地越野、公路竞赛和长途旅游等。

（2）汽车运动：赛车、越野、探险、旅游和度假等。

（3）滑行运动：滑雪、滑冰、滑水、滑旱冰、滑滑板、蹦极和岩跳等。

（4）航空运动：跳伞、滑翔伞、动力伞、热气球、滑翔机和超轻型飞机等。

（六）娱乐休闲及军体运动

（1）老鹰捉小鸡、丢手绢、跳格子、到下关、救人、斗鸡和群马混战等。

（2）打弹子、跳皮筋、打陀螺、掷杏核、抖空竹、放风筝和斗草等。

（3）球类游戏：皮球、篮球、排球、足球、羽毛球、网球和沙袋等。

（4）骑行运动：骑马、骑骆驼、骑牛和驴；骑羊车、狗车和爬犁；骑自行车和独轮车等。

（5）通信：手旗通信、灯光通信、报话通信和摩托车通信等。

（6）射击：气枪（打猎）、射箭、镖弩和彩弹野战等。

二、穿 着

攀岩装备

（一）服 装

（1）冲锋衣裤。

（2）抓绒衣。

（3）排汗内衣。

（4）快干衣裤。

（5）羽绒衣裤。

（6）其他个人衣物等。

（二）鞋 袜

（1）徒步登山鞋。

（2）轻便运动休闲鞋。

（3）运动凉鞋。

（4）排汗袜子。

（5）普通运动袜。

（6）雪套等。

（三）帽　子

进行户外运动时戴帽子有以下几点好处：保暖、防护、防晒、挡风和美观等。常选择的几款帽子有大宽帽檐、遮阳帽、针织套帽、棒球帽等。

（四）手　套

薄手套：活动方便；厚手套：保暖。

（五）眼　镜

在水上运动、滑雪和登山等户外运动中太阳光较强烈，佩戴太阳镜就具有抗紫外线的功能。

户外运动爱好者可根据运动项目来选择太阳镜。户外运动爱好者在进行日光浴或滑雪时，可以选择配有红色镜片的太阳镜。参加户外游泳的人佩戴的游泳镜必须经过防紫外线处理。专业滑雪镜的镜面由镀有防雾和防紫外线涂层的有色材料制成，为了避免对人的脸部造成伤害，镜片应该在扭曲时只会发生变形而不断裂。

三、基本装备

（一）背　包

（1）大背包（用于短途露营或者长途旅行，容量为 45 ～ 80 升）。
（2）小背包（用于短途或长途旅行，容量为 15 ～ 30 升）。
（3）腰包或挎包。
（4）摄影包（根据个人需要携带）。

（二）野营装备

（1）睡袋（根据季节的需要选择睡袋）。
（2）睡袋内胆（长途旅行不露营的话，只需带防脏的抓绒或者棉的睡袋内胆）。
（3）帐篷（普通露营选择一般的防水抗风帐篷就可以了；长途旅行选择体积小、轻便的帐篷）。
（4）帐篷地席。
（5）防潮垫。
（6）铝膜地席等。

（三）照明装备

（1）头灯。

（2）手电。

（3）营灯。

（4）荧光棒。

（5）防风打火机。

（6）防水火柴等。

（四）炊 具

（1）炉头。

（2）气罐。

（3）套锅。

（4）小钢杯。

（5）烧烤炉（自驾车活动时可以携带）等。

（五）水 具

（1）户外水壶。

（2）军用水壶。

（3）水袋。

（4）保温水壶。

（5）净水器。

（6）净水药片。

（六）通信装备

（1）手机。

（2）对讲机。

（3）全球定位系统。

（4）求生哨。

（七）其他装备

（1）登山杖。

（2）洗漱包。

（3）个人卫生用品（牙刷、肥皂、毛巾、牙膏、手纸、爽足粉、耳塞、防晒霜、唇膏、发热贴、指甲钳、净水器药品和个人药品）。

（4）背包雨罩。

（5）背包捆扎带。

（6）地图。

（7）小快挂。

（8）指南针。

（9）军刀。

户外急救

（10）户外手表。

（11）头巾。

（12）防水袋。

（13）证件袋。

（14）小型望远镜。

（15）针线包。

（16）笔记本。

（17）备用电池及充电器。

（18）充气枕。

（19）护膝。

（20）药品（感冒药、消炎药、防晒霜、"好得快"、小檗碱、止血绷带、创可贴、维生素药片、眼药水和红花油等，根据个人的不同需要携带）。

（21）备用食品（压缩饼干、巧克力、牛肉干、葡萄干和能量棒等）。

第十二章

武术俱乐部指南

>> 本章导言

中国传统武术伴随着中国历史与文明发展，走过了几千年的风雨历程，成为维系这个民族生存和发展的魂和承载中华儿女基因构成的魄。对中国传统武术的修习，让我们从身到心、由魂而魄地得到提升而充满安全感，精壮神足，具有安然自胜的实力。武术是中华民族千年来积淀而成的民族瑰宝。

>> 学习目标

1. 了解武术运动的起源和发展。
2. 了解武术运动的内容与分类。
3. 了解武术运动的特点与锻炼价值。
4. 了解武术运动竞赛的基本规则。

第一节　武术运动概述

一、武术运动的起源和发展

武术萌芽于早期人类社会，起源于我国祖先的生产劳动。人们在狩猎的生产活动中，创制了石刀、石锤、木棍等武器，逐渐学会了躲闪、跳远、滚翻，以及运用石器、木棒进行劈、砍、刺等技能。氏族公社时期，部落战争经常发生，因此人们在战场上搏斗的经验也不断得到总结，击、刺等进攻技能不断被模仿、传授和习练，促进了武术的萌芽。武术成型于奴隶社会时期。夏朝建立，武术为了适应实战需要进一步向实用化、规范化发展，主要体现在军队的武术活动和以武术为主的学校教育。商周时期，出现了武术训练的重要手段——田猎，并利用"武舞"来训练士兵、鼓舞士气。周代设的"序"等学校也把射御、习舞等列为教育的内容之一。进入春秋战国以后，诸侯争霸，都很重视技击在战场中的运用。秦汉以来，盛行角力、击剑等武术活动。随着"宴乐兴舞"的习俗的盛行，手持器械的舞练时常在乐饮酒酣时出现，其中的"刀舞""力舞"等，虽具娱乐性，但从技术上更近似于今天的套路形式的运动。唐朝以来，开始实行武举制，并为有一技之长的士兵授予荣誉称号，对武术的发展起到了促进作用。宋元时期，以民间结社的武艺组织为主体的民间练武活动蓬勃兴起，有习枪弄棒的"英略社"，习射练习的"弓箭社"等。由于商业经济活跃，出现了以习武卖艺为生的"路歧人"，其武术形式不仅有单练，而且有对练。明清时期是武术的大发展时期，流派林立，拳种纷显。拳术有长拳、猴拳、少林拳、内家拳等几十家之多，同时形成了太极拳、形意拳、八卦拳等主要的拳种体系。

民国时期，民间出现了许多拳社、武士会等武术组织。1927年，在南京成立了中央国术馆。1936年，中国武术队赴柏林奥运会参加表演。中华人民共和国成立后，武术得到了蓬勃的发展。1958年，中国武术协会成立，形成了空前广泛的群众性武术活动，为武术的发展开拓了广阔的道路。1985年，在西安举行了首届国际武术邀请赛，并成立了国际武术联合会筹委会，这是武术发展历史性的突破。1987年，在日本横滨举行了第1届亚洲武术锦标赛。1990年，第11届亚运会上，武术首次被列为正式竞赛项目，标志着武术开始走进亚运会。1999年，国际武术联合会被吸收为国际奥委会的正式国际体育单项联合会成员，这是武术发展中的又一历史性突破。

武术百科

武　术

二、武术运动的内容和分类

按照运动形式的分类方法可将武术分为功法运动、套路运动和搏斗运动。

（1）功法运动是以单个动作为主进行练习，从而达到健体或增强某方面体能的运动。功法运动主要为套路运动和搏斗运动服务。传统功法运动按其形式和功用可分为内壮功、外壮功、轻功和柔功。

（2）套路运动是指以技击动作为内容，以攻守进退、动静疾徐、刚柔虚实等矛盾运动的变化规律为依据编成的组合和套路演习。按照练习人数的多少，套路运动又分为单练、对练和集体演练。

（3）搏斗运动是两个人在一定条件下按照一定的规则进行斗智、较力、较技的实战攻防格斗。目前开展较为普遍的搏斗运动有散打和推手，尚未普遍开展的有短兵和长兵。

三、武术运动的特点

（一）既有搏斗运动，又有套路运动

武术一直循着相击的搏斗运动和舞练的套路运动这两种形式向前发展着。后来随着岁月的流逝，套路运动在发展过程中逐步占据了武术的主要地位，而且其内容、形式和流派越来越绚丽多彩。

（二）具有攻防技击性

攻防技击性，是武术运动的主要特点。即使是套路运动，在它的动作和练法中，一般也都具有攻防技击的意义。

（三）具有内外合一、形神兼备的练功方法

所谓内，指的是心、神、意、气等内在的心智活动和气息运行；所谓外，指的是手、眼、身、步等外在的形体活动。许多拳种和流派，都十分强调内外合一、形神兼备的练功方法。

（四）具有广泛的适应性

武术运动不仅锻炼价值高，而且内容丰富、形式多样，不同的拳术和器械都

有着不同的动作结构、技术要求、运动风格和运动量。武术运动可以不受年龄、性别、体质、时间、季节、场地和器材的限制，人们可以根据自己的需要和条件，选择合适的项目来进行锻炼，这为开展群众性的体育活动提供了便利条件。

四、武术运动的锻炼价值

（一）提高素质，健体防身

武术套路运动，其动作包含着屈伸、回环、平衡、跳跃、翻腾、跌扑等，系统地进行武术训练，对人体速度、力量、灵敏、耐力、柔韧等身体素质要求较高，人体各部位几乎都会参加运动，使人的身心都得到全面锻炼。此外，通过进行武术锻炼，不仅能够达到增强体质的目的，而且具有防身的作用。

（二）磨炼意志，培养品德

练武对意志品质的考验是多面的。经过长期锻炼，可以培养人们勤奋、刻苦、果敢、顽强、虚心好学、勇于进取的良好习性和意志品质。

武术在中国几千年的历史中，一向重礼仪、重道德，"尚武崇德"。"教武育人"贯彻在武术教习的过程中，并奉行"未曾习武先学礼，未曾习武先习德"的习武理念，把武德列为习武、教武的先决条件。

（三）竞技观赏

武术具有很高的观赏价值，无论是显现武术功力与技巧的竞赛表演套路，还是斗智较勇的对抗性散手比赛，都会引人入胜，给人以美的享受，具有很高的观赏价值。

（四）交流技艺，增进友谊

武术运动蕴涵丰富，技理相通，入门之后会有"艺无止境"之感。群众性的武术活动，则成为人们切磋技艺，交流思想，增进友谊的良好手段。随着武术在世界的广泛传播，还可促进与国外武术爱好者的交流。

第二节 武术运动竞赛规则简介

武术套路竞赛一共有三套规则，分别是《全国武术套路竞赛规则》《传统武术套路竞赛规则》和《国际武术套路竞赛规则》。国内比赛是参照国际比赛执行的，有些地方的规则会比国际的要求高，每年的比赛在细节上可能会有特别规定。

一、竞赛的一般常识

竞赛的一般常识，见表 12-2-1。

表 12-2-1

武术规则
场地

武术规则 – 竞
赛时间和性质

武术规则 –
竞赛项目

竞赛的一般常识	内　容
执行裁判人员组成	总裁判长 1 人、副总裁判长 1～2 人。裁判组设裁判长 1 人、副裁判长 2 人；A 组评分裁判员 2～3 人；B 组评分裁判员 3 人；C 组评分裁判员 2～3 人。编排记录长 1 人，检录长 1 人
竞赛项目	竞赛项目包括：长拳、太极拳、南拳、剑术、刀术、枪术、棍术、太极剑、南刀、南棍、传统拳术、传统器械、对练项目和集体项目
竞赛年龄分组	竞赛年龄分组有成年组、青少年组和儿童组
比赛顺序	在竞赛监督委员会和总裁判长的监督下，由编排记录组抽签决定比赛顺序
检　录	运动员须在赛前 40 分钟到达指定地点报到，参加检录，并检查服装和器械
礼　仪	运动员听到上场点名时和完成比赛套路后，应向裁判长行抱拳礼
得分相同的处理	个人分别以难度分高者、以完成高等级难度数量多者、以演练水平分高者、以演练水平扣分少者、以动作质量扣分少者顺序排列名次。全能或团体以比赛中获单项第一名多者列前，依次类推
竞赛有关规定	（1）难度填报：参赛的运动员必须根据竞赛规则和规程要求选择难度和必选主要动作，于赛前 20 天在规定网站填报"武术套路难度及必选动作申报表"，并确认打印，签字、盖章后寄往赛会（以到达邮戳为准）。（2）套路完成时间：长拳、南拳、剑术、刀术、枪术、棍术、南刀、南棍套路：成年组不少于 1 分 20 秒；青少年组（含儿童组）不得少于 1 分 10 秒。太极拳、太极剑自选套路为 3～4 分钟；太极拳规定套路为 5～6 分钟。对练不得少于 50 秒。集体项目为 3～4 分钟。传统项目，单练不得少于 1 分钟。（3）比赛音乐：规程规定的配乐项目必须在音乐（不带歌词）伴奏下进行，音乐可以根据套路的编排自行选择

续　表

竞赛的一般常识	内　容
竞赛有关规定	（4）比赛服装：裁判员应穿统一的服装，佩戴裁判等级标志；运动员应穿武术比赛服装。 （5）竞赛场地：个人项目的场地为长 14 米、宽 8 米。集体项目的场地为长 16 米、宽 14 米。场地四周内沿，应标明 5 厘米宽的白色边线。场地的地面空间高度不少于 8 米。两个比赛场地之间的距离 6 米以上。 （6）比赛器械：国家体育总局武术运动管理中心指定的器械。 （7）比赛设备：大型比赛必须配备摄像机 4 台，放像设备 3 台，电视机 3 台，以及全套电子评分系统和音响系统

二、评分标准与办法

　　武术套路各项目评分均为 10 分制。自选项目动作质量分为 5 分（A 组），演练水平分为 3 分（B 组），难度分为 2 分（C 组）。传统项目或无难度的自选项目动作质量分为 5 分（A 组），演练水平分为 5 分（B 组）。（表 12-2-2）

武术规则的
评分

表 12-2-2

评分标准与办法	内　容
动作质量的评定与动作质量应得分的确定	A 组裁判员根据运动员现场完成动作的质量，按照"动作规格常见错误内容及扣分标准"的要求，用动作质量的分值减去各种动作规格错误和其他错误的扣分，即为运动员的动作质量分
演练水平的评定与演练水平应得分的确定	（1）自选项目：B 组裁判员中由 1 名裁判员加裁判长按照套路动作劲力、节奏及音乐的要求整体评判后确定的等级平均分数减去另外 2 名裁判员对套路编排错误的扣分，即为运动员的演练水平分。 （2）传统项目：B 组裁判员根据运动员整套的现场演练，按照劲力、节奏、编排，以及音乐的要求整体评判后确定示出的分数，即为运动员的演练水平分。取 3 个分数的平均数或去掉高低分取中间 2 个分数的平均值为运动员的演练水平应得分
难度的评定与难度应得分的确定	C 组裁判员根据运动员现场整套难度完成的情况，按照各项目动作难度和连接难度的加分标准，确定运动员现场完成动作难度、连接难度的累计分，即为运动员的难度分
运动员实际应得分数的确定	（1）自选项目：动作质量应得分、演练水平应得分和难度应得分之和为运动员的应得分数。 （2）传统项目：动作质量应得分和演练水平应得分之和为运动员的应得分数
运动员最后得分的确定	裁判长从运动员的应得分中减去"裁判长的扣分"，加上创新难度的加分为运动员的最后得分
裁判长的加分与扣分	裁判长执行对比赛中被确认完成的创新难度的加分，执行对比赛中套路时间不足或超出规定的扣分

第十三章

格斗类运动俱乐部指南

》 本章导言

　　跆拳道是现代奥运会的正式比赛项目，是一项使用手脚进行格斗和对抗的运动。空手道是日本传统格斗术结合琉球武术唐手而形成的，起源于日本武道和琉球的唐手。巴西柔术是一种专攻降伏，以擒技见长，综合格斗竞技和系统自卫于一身的武术。进行这些武道的学习和训练不仅可以使人们掌握最基本的运动技术技能，还可以学习和了解武道礼仪，培养武道精神，在学习和训练中得到全面成长。

》 学习目标

1. 了解跆拳道运动及其竞赛规则。
2. 了解空手道运动及其竞赛规则。
3. 了解巴西柔术运动及其竞赛规则。

第一节　格斗类运动概述

一、跆拳道概述

跆拳道是一种手脚并用的传统搏击格斗术，以其变幻莫测、优美潇洒的腿法著称于世，被世人称为踢的艺术。同时，它也是一项紧张激烈、惊险刺激的以腿法对抗为主要形式的现代竞技运动，更是一门强健体魄、磨炼意志品质的体育项目。跆拳道的发展也经历了很长一段历程，直至 1961 年 9 月韩国成立了唐手道协会，后更名为跆拳道协会，并使这项运动成为韩国全国运动会的正式竞赛项目。迄今为止，全世界已有众多的国家在开展跆拳道运动，几千万名爱好者参加练习。跆拳道的第 1 届世界锦标赛和第 1 届亚洲锦标赛分别于 1973 年和 1974 年在韩国汉城（今首尔）举行。1986 年，跆拳道被列为第 10 届亚运会正式比赛项目。1988 年，跆拳道被列为汉城奥运会的表演项目。1994 年，经国际奥委会正式通过，跆拳道被列为 2000 年悉尼奥运会正式比赛项目，共设男女各四个级别。跆拳道已经成为完全独立的国际体育比赛项目。跆拳道的世界性赛事主要有奥运会跆拳道比赛、世界跆拳道锦标赛、跆拳道世界杯团体赛。

二、空手道概述

空手道是日本传统格斗术结合琉球武术唐手而形成的，起源于日本武道和琉球的唐手。唐手是中国武术传入琉球，结合当地武术琉球手发展而成的，而日本本土人士又将九州、本州的摔、投等格斗技术与唐手相结合，最终形成空手道。空手道当中包含踢、打、摔、拿、投、锁、绞、逆技、点穴等多种技术，一些空手道流派中还练习武器术。

空手道的发展

1994 年，在第十二届日本广岛亚运会上，空手道首次成为正式比赛项目，空手道的比赛场地一般为 8 米 ×8 米；比赛项目有套路赛和格斗赛两种，而在格斗比赛中一方有效进攻导致对手瞬时丧失战斗能力或重心明显移动为得分标准。

三、巴西柔术概述

巴西柔术的
特点及锻炼
价值

巴西柔术起初是一种专攻降伏，以擒技见长的武术，它的技术和策略都基于对地面打斗的深入研究。巴西柔术源于日本柔术，柔术练习者擅长将对手拖向地面，然后在地面上获得控制姿势。一旦形成控制姿势，柔术练习者可以使用关节技、绞技或击打技术等多种攻击手段，将对手制服。

巴西柔术的技术强调有效利用杠杆的原理，使用者可以用很小的力量，将沉重的对手撬起，并产生巨大的力量。杠杆的运用，可以让个子小、柔弱的选手，保护自己不受个子大、身强力壮者的侵害。巴西柔术为格斗界带来了革命，成为全世界格斗界最受欢迎的格斗运动之一。

随着巴西柔术在世界上的发展，我国也逐渐有越来越多的柔术爱好者和竞技运动员开始参考学习。

第二节 格斗类运动竞赛规则简介

一、 跆拳道竞赛规则简介

跆拳道规则
的基本哲学
思想

跆拳道比赛采用三回合制，每个回合 3 分钟，回合之间休息 1 分钟。跆拳道比赛属于有直接身体碰撞的激烈对抗性项目，运动员比赛时必须穿戴护头、护身、护裆、护臂和护腿。参赛者以拳的正面、踝关节以下部位进攻对手髋骨以上、锁骨以下被护具保护的躯干部位，以及以两耳为基准的头部和颈部的前面部分。比赛以得分判定名次，得分多者名次列前。跆拳道按体重分级别进行比赛。（表 13-2-1）

表 13-2-1

评分标准与办法	内　容
竞　赛	跆拳道比赛包括两方——"Chung"（蓝）和"Hong"（红），双方以脚击打对手的头和躯干或用拳击打对方的躯干而得分。比赛中选手可通过下述方法获胜：将对方击出场外，得分最高，使对手被罚分达到 3 分，或对手被剥夺比赛资格

评分标准与办法	内　容
得　分	每个合理的攻击将得分，下述为合理的攻击。 （1）击打对手的得分部位，除了头部外，得分部位包括腹部及身体两侧，这三个部位标于对手的护具上。禁止击打对方小腹以下部位。 （2）用规则允许的身体部位击打对手。须用正确紧握的拳头的食指和中指的前部或脚踝关节以下的部位击打对方
犯　规	越出边界线；倒地；故意回避或消极比赛；抓或推对方运动员；抬腿阻碍或踢对方运动员腿部以阻挡其进行腿部进攻，抬腿或空踢超过 3 秒以阻碍对方运动员的可能进攻动作，瞄准对方腰以下部位攻击；攻击对方运动员腰部以下部位；在主裁发出分开"Kal-yeo"口令后攻击对方运动员；用手攻击对方运动员头部；用膝部顶撞或攻击对方运动员；攻击已倒地的对方运运动员；近身的情况下，如运动员膝关节朝外使用脚侧或脚底踢击 PSS 躯干（猴踢、鱼踢）；选手或教练的不良行为
击　倒	选手被击倒后，裁判开始进行 10 秒的读秒。在跆拳道比赛中，一方由于对手发力而使其脚底以外的其他任何部位触地则判为被击倒。裁判也可在选手无意或无法继续比赛时开始读秒。一旦出现击倒，则裁判喊"Kal-yeo"意为"暂停"，指示另一方退后，裁判开始读秒。即使被击倒的选手站起来欲继续比赛，该选手必须等待裁判继续读秒至 8 或"Yeo-gul"，然后裁判判定该选手是否能继续比赛。若其无法继续比赛，则另一方以击倒对手获胜
胜　方	主裁终止比赛胜；最终得分胜；分差胜；黄金得分胜；比分或优势胜；弃权胜；失格胜；主裁判罚犯规胜；不道德行为失格胜
重量级划分	在世界跆拳道锦标赛中，男女各分为 8 个级别，而其首次作为正式比赛项目出现在 2000 年悉尼奥运会上时，男女各分为四个级别，男子包括 58 千克以下、58～68 千克、68～80 千克和 80 千克以上；女子包括 49 千克以下、49～57 千克、57～67 千克和 67 千克以上。此级别划分被奥运会沿用至今
竞赛形式	奥运会中的跆拳道比赛进行单淘汰赛直至最终的冠亚军决赛。而铜牌以更为复杂的方式决出。所有负于两位决赛者的选手均有另一个机会进行次级比赛而决出铜牌。两位半决赛的负者直接进入次级比赛。所有负于两位决赛者的其他选手在其原所在组进行单淘汰赛，两位优胜者获得余下的两个半决赛席位。每一组的优胜者与另一组的半决赛的负者进行交叉半决赛，两位胜者争夺铜牌
比赛区域	奥运会跆拳道的比赛区域的大小为 12 米×12 米的正方形场地，建于高于地面约 1 米的平台上，上面铺有弹性的垫子，为了安全起见，场地外两侧平台的侧面略微向地面倾斜。场地正中央是一个 8 米×8 米的蓝色正方形区域，其外侧为红色的警告区，提醒选手正接近边线与平台的边缘。一旦选手的脚踏入警告区，则裁判自动暂停比赛

评分标准与办法	内　容
防护服	跆拳道是一项对抗激烈的运动，要求参赛选手穿防护服，头部、躯干、前臂、胫骨和腹股沟佩戴护具。比赛前，所有参赛选手将接受检查，以确保其穿上所要求的护具
其　他	（1）若同时出现的犯规在一种以上，则裁判以处罚较重的犯规为准。 （2）若双方均被击倒且读秒至 10 后双方均无法恢复，则击倒前得分高者获胜。 （3）若选手得分后立即犯规，则其所获分数可判为无效，如故意摔倒（一种避免受击打的战术）。 （4）头部被击中后倒地的选手在 30 秒内不得参加比赛

二、空手道竞赛规则简介

（一）空手道场地、性质和裁判分工简介

空手道场地、性质和裁判分工简介见表 13-2-2。

表 13-2-2

类　别	内　容
场　地	空手道比赛在边长为 8 米的地面或台上进行，地上铺有垫子
性　质	比赛分为个人赛和团体赛
裁判分工	（1）每场比赛的裁判小组包括一名主裁，四名边裁和一名赛事监督。 （2）在比赛中，主裁和边裁不可有与双手选手相同国籍者。 （3）为了便于比赛的运作，应指派几位计时员、宣告员、记录员和计分监察员。 （4）比赛开始时，主裁站于比赛场地外缘，主裁左边站 1 号及 2 号边裁。主裁右边站 3 号及 4 号边裁。 （5）选手和裁判小组站定并相互鞠躬后，主裁后退一步，边裁向内转身面对主裁，一起互相鞠躬后各自走到指定位置就位

（二）空手道比赛方法与判胜标准

1. 比赛方法（表13-2-3）

表13-2-3

比赛方法	内　容
一般程序	（1）选手必须穿着纯白无条纹、无滚边的空手道道服。 （2）选手必须一方系红色腰带，另一方系蓝色腰带。 （3）选手必须戴拳套，一方戴红色，一方戴蓝色。 （4）选手必须戴牙套和躯干护具。 （5）个人赛按照体重级别划分后，选手们将两人一组以回合的方式进行比赛。 （6）每回合比赛的计时从主裁给出的"开始"的信号开始，当主裁喊"停止"时，应停止计时

穿带护具的
特别说明

2. 胜败的判断标准（表13-2-4）

表13-2-4

判断标准	内　容
一本胜利	由于一方上段（头部）、中段（躯干）、下段（腿部）受到攻击而产生以下情况。 （1）倒地10秒以上。 （2）虽未倒地，但有15秒以上的时间丧失战斗意识（指正对对手，两拳无法举到自己头部两侧做预备势的状态）。 （3）虽然没有倒下，也没有丧失战斗意识，但有15秒以上的时间头部一直被对方攻击，无法反击也无法防守
判定胜	有技的判定标准为：攻击上段、中段、下段。 （1）倒地5秒以上但未达10秒。 （2）没倒地，但10秒以上未达15秒的时间内丧失战斗意识。 （3）没倒地，也没丧失战斗意识，但在10秒以上未达15秒的时间内头部一直被对方攻击，无法反击也无法防守
对手犯规被罚或弃权	有效的判定标准为：攻击上段、中段、下段。 （1）倒地未达5秒。 （2）虽未倒地，但5秒以上未达10秒的时间内丧失战斗意识。 （3）5秒以上无法反击，也无法防守对方以头部为主体的连续攻击。 （4）用投技（摔）、拂足等动作击倒对手，用拳打、肘撞或脚踢做"极"（对倒地的对手再施进攻，把动作停在触及对手前约3.3厘米处）
罚下场和弃权	（1）比赛中一方因犯规行为被罚下场，另一方为胜者。 （2）在出场信号发出后，一方无正当理由，1分钟后仍不出现在比赛场中，或事先向审议委员会提出弃权的，另一方为胜方
比赛时间	每回合比赛的时间为成年男性为3分钟，成年女性为每回合2分钟

对手犯规被
罚或弃权的
特别说明

比赛时间的
特别说明

三、巴西柔术竞赛规则与比赛方法

（一）得　分

摔倒对手的
注意事项

扫技的注意
事项

控制姿势：通过正确的技术可以形成正确的控制姿势，若在比赛结束时，依然没有参赛选手能降服对方，则根据双方运动员根据比赛过程中控制姿势取得的多少决定得分，从而最终裁定比赛结果。（表13-2-5）

表 13-2-5

得　分	内　容
摔倒对手	任何成功地使站立的对手破势失去平衡跌倒在地，且背部着地的动作，得2分。若参赛选手使用摔技将对方摔倒，但其对手并非背部着地，此时其必须压住对手，并保持该姿势3秒以上，从而获得得分
过　腿	当一方选手位于对手手上位，或者在对手双腿之间，此选手移动到对手身体一侧，呈横向或是纵向压制住对手的躯干部分，对对手进行有效地压制获得有利姿势，使对方无法移动。无论是侧面压住或者从背后压住对手，判得3分。若在下位的选手通过使用膝关节跪立在地面上或是直接站起来的方式阻止了上位选手的动作，处于上位的选手将不得3分而判为优势
浮　固	一方选手在上位用单膝顶住对方的腹部，抓住对方的领子、袖口或腰带，同时另一条腿位于对手的头部一侧，此时得2分。若在下位的选手阻止对手使用膝谷技术，或者上位的选手没能完成膝谷技术，则处于上位的选手将被判获得有利，而不能获得2分
骑　乘	指一方选手骑在对方身上，可以是骑在对手的腹部、侧身或背部。在上位的选手可以压在对手一只手臂上，但不能同时束缚其两只手臂。选手单膝或者一只脚着地，也将视为骑乘，此时骑乘选手得4分。骑乘一方的脚或者膝盖压在对手的腿上，则视为无效。同时，参赛选手在防守时应用三角绞，而对手在反抗过程中倒在地面上而处于下位，这时视为成功使用绊扫技术，不判为骑乘
背部控制	一方选手位于对方背部，勾住对方脖子，用腿缠住对方腰部，同时用脚勾住对方大腿内侧，使对方无法移动，则得4分。若控制方脚的位置不正确，不判定得分
扫　技	在下位的选手绊倒上位者，或者以立技摔倒对方。此时得2分

（二）失 分

判失分的情况见表 13-2-6。

表 13-2-6

失 分	内 容
犯 规	参赛选手出现 3 次犯规后，将收到裁判的处罚
拖延比赛	当一方选手位于优势位置时，不试图降服对手，或者抱住对手，站立不动或者其他任何故意停止动作的情况

拖延比赛的
判罚

（三）有利判定

比赛中的有利判定见表 13-2-7。

表 13-2-7

有利判定	内 容
具体内容	（1）当一方选手尝试绊扫和摔技术，未能完成，但使得对方明显失去平衡，则判定有利。 （2）当使用封闭式防守时（双腿缠住对方的腰），判定有利。 （3）处于上位的选手尝试进攻，并试图摆脱对方的防守，这时可判定有利。为使裁判判定有利，该选手必须接近于完成摆脱防守，并使对手重新努力还原成原来的姿势或是半防守状态。 （4）当处于下位的选手接近完成绊扫，使得对手处于不利的位置，已经尝试使用锁技制服对手，判定有利。下位的选手必须打开双腿才能被认为是有效实施绊扫技术

第十四章

民族传统体育俱乐部指南

>> 本章导言

　　民族传统体育是中国民族文化的重要组成部分，历史悠久，竞技性、观赏性、文化属性浓郁鲜明，在文化传承方面有着重要的作用。许多优秀的民族传统体育项目，不仅具有很强的健身价值，还有很高的艺术价值和丰富的娱乐、教育功能。

>> 学习目标

1. 了解花样跳绳及其竞赛规则简介。
2. 了解毽球运动及其竞赛规则简介。
3. 了解舞龙舞狮及其竞赛规则简介。
4. 了解高脚竞速及其竞赛规则简介。
5. 了解板鞋竞速及其竞赛规则简介。
6. 了解陀螺运动及其竞赛规则简介。
7. 了解珍珠球运动及其竞赛规则简介。

第一节 民族传统体育运动概述

一、花样跳绳概述

（一）花样跳绳的起源

花样跳绳运动是在汲取中华民族传统跳绳运动的精华和结合现代表演项目特色的基础上发展而来的，融街舞、体操、武术、杂技、音乐等现代元素的精粹，在绳艺、绳技、绳舞、绳操等方面使跳绳者的个性得到淋漓尽致的发挥。花样跳绳运动比一般跳绳运动更加突出休闲、娱乐、趣味和健身的效果。花样跳绳的花式繁多、新颖别致、动感十足、吸引眼球，是深受青少年喜爱的时尚运动之一。

（二）花样跳绳的益处

（1）运动负荷随意，跳绳节奏快慢皆可，适合不同体能的人士参与。
（2）运动时手、足、脑并用，有助于提高四肢的运动负荷及灵敏程度。
（3）有助于增强个人的肌肉耐力和心肺功能。
（4）跳绳是全身运动，可以加速人体新陈代谢，促进血液运行，强化血管功能。
（5）每天跳绳有助于保持均匀的体态，促进身心健康。
（6）增加骨质密度。

（三）花样跳绳的注意事项

（1）须在平滑地面进行，注意地面不可有高低落差及坑洞。
（2）在室内跳绳时须留意天花板的高度，远离挂墙风扇及家私杂物。
（3）多人跳绳时须留意人与人之间的距离，避免被他人的绳子打伤。

（四）花样跳绳的步骤

1. 选择一条适合自己的绳子
绳子长度应适合跳绳者的身高，长度适中的绳子可以顺畅地绕过身体及头部，过长或过短的绳子会令跳绳动作不协调。

计算绳子长度的方法：初学者可以双脚踏住绳的中央，两手执绳的两端，将绳拉直至胸口位置（或以下），这时的绳尖便是适当长度。

2. 选择适合的运动鞋

为减轻脚部因跳绳时与地面接触而产生的撞击力，应选择有避震或弹性设计的运动鞋。

3. 花样跳绳前须做热身运动

热身运动应以伸展动作为基础，每个动作须保持 8 ～ 10 秒，使肌肉柔和舒缓地伸展，能充分地适应进一步的运动量。一般而言，全套热身运动所需时间长为5 ～ 10 分钟，但也须配合当时天气的温度以加长或缩短时长。热身运动的运动量以能使体温轻微上升为准。

4. 花样跳绳姿势要正确

（1）眼向前望，腰背要挺直。

（2）沉肘：手臂与手肘约呈 90°。

（3）以手腕力量摆绳。

（4）跳跃时双脚合并，脚尖或前脚掌有节奏地踏地跳。

（5）着地时膝关节微屈，以缓冲跳跃时的震荡力。

（6）踏跳时以脚前掌着地。

5. 花样跳绳后须做舒缓运动

将身体尽量放松，做深呼吸，可重复先前用绳进行的伸展运动，亦可利用散步方式放松身体各部分，直至体温和呼吸恢复正常为止。

二、毽球概述

毽球运动在花毽的趣味性、观赏性、健身性等基础上，增加了对抗性。毽球运动集羽毛球的场地、排球的规则、足球的技术为一体，是一项简单易行且技法多样的群众性体育运动项目，深受人民群众的喜爱。同时，毽球运动也是全国少数民族传统体育运动会最早设定为正式比赛的项目之一。

毽球运动是从我国民间广为流传的踢毽子衍生而来的。踢毽子是我国的一项民族传统体育活动，至今已有两千多年的历史，是中华民族在长期生活中逐步积累和发展起来的一项宝贵的文化遗产。据历史文献和出土文物证明，踢毽子起源于我国汉代，盛行于六朝、隋朝、唐朝。

目前，作为民族传统体育项目比赛的毽球，是由侗族、苗族、水族等民族喜爱的手毽演变而来的，而手毽则是模仿农民在田间插秧时抛接秧苗的动作形成的。1984 年，国家体委（现国家体育总局）将毽球列为正式比赛项目，正式公布了《毽球规则试行草案》，并举办了全国毽球邀请赛。目前，国内举办的毽球主要赛事有全国少数民族传统体育运动会毽球比赛、全国毽球锦标赛、全国青少年毽球锦标赛、国际毽球邀请赛、全国农民运动会毽球比赛等。目前，国内毽球运动主要分为以竞技为主的网毽和以娱乐休闲为主的花毽。

毽球运动主要是用下肢做接、落、跳、绕、踢等动作来完成的，因此可以较好地锻炼下肢的关节、肌肉、韧带，同时也使腰部得到锻炼。毽球运动的主要特点为：① 趣味性。踢毽子寓游戏于运动之中，一个小小的上下飞舞不定的毽子，踢毽者要想在最有利的一刹那来控制它，需要做到反应快、时间准、动作灵敏协调。② 观赏性。毽球是我国独有的民族体育运动之一，其踢法多种多样，有单人踢、双人踢、多人踢；有正踢、反踢、交叉踢等花样。③ 对抗性。毽球运动发展至今，运动员水平不断提高，技术动作的难度不断加大，如脚踏球、倒勾、凌空扫射等难新动作层出不穷。④ 普及性。毽球运动对男女老少都适宜，参与者可视自己的体能来决定运动量。毽球运动不受场地限制，占地小，器具简单，投资少。⑤ 健身性。参与者可以利用点滴时间开展毽球运动。对于老年人和患慢性病者，可以通过较为轻缓的动作练习毽球。经常适度进行毽球运动对提高人体的心肺功能，促进消化和新陈代谢等有一定的效益。

三、舞龙舞狮概述

（一）舞　龙

龙是中华民族神圣、祥瑞的象征。自古以来，华夏民族对龙的崇拜，旨在求得风调雨顺、丰衣足食、平安吉祥。

舞龙俗称玩龙灯。舞龙的传统由来已久，最早记载距今已有 2000 多年的历史。有史料考证：舞龙祈雨早在先秦时期开始流行，到了汉代已具有相当规模，且各地风格各异、独具特色，形式也十分讲究。

在近代，随着华人的迁移，舞龙的文化传播到世界各地。当今凡是有华人聚居的地方，每到庆典和佳节均有舞龙助兴。舞龙作为中华民族的文化，逐渐为世界各国所接受，进而演变为颇具特色的舞龙运动。由于舞龙运动不仅场面壮观，具有很强的观赏性，而且对舞龙者身体的协调性、灵活性、力量、耐力等素质的锻炼有很大益处。因此，近几十年来，许多东南亚国家和地区将舞龙发展成为一项竞赛活动。国际性的舞龙比赛也日益增多。

在我国，自 1995 年起，每年都会组织全国的舞龙比赛，随着中国龙狮协会的成立，舞龙已发展为竞技舞龙。2001 年，国际龙狮总会制定并推出了国际舞龙竞赛规则和裁判法，推动了世界各国舞龙运动的蓬勃发展，并使舞龙运动在保持传统风格的基础上，走上了规范化、科学化和国际化的轨道。

舞龙的主要道具是"龙"。龙是用草、竹、木、纸、布等扎制而成的。为求吉利，龙的节数为单数，多见的有 9 节龙、11 节龙、13 节龙，多者可达 29 节。其中，15 节以上的龙体大而重，不宜舞动，主要是用来观赏。舞龙所用的龙特别讲究装潢，具有很高的工艺价值。

舞龙中，龙珠、龙头、龙身、龙尾由 10 个人在音乐伴奏下以大幅度的舞动来表现龙的各种腾跃加滚翻。珠引龙走，龙跟珠行，节节相随，快慢有序，组成各种巨龙腾跃的优美形态。

（二）舞 狮

南狮狮头和
南狮舞法

舞狮有南狮和北狮，这里主要介绍南狮。南狮又名醒狮，以广东狮最有代表性。南狮造型较为威猛，舞动时注重马步。南狮主要是靠舞者的动作表现出威猛的狮子形态，一般是二人舞一头。狮头以戏曲面谱作鉴，色彩艳丽，制造考究；眼帘、嘴都可动。严格来说，南狮的狮头不太像是狮子头，有人甚至认为南狮较为接近年兽。南狮的狮头还有一只角，传闻在古时由铁制成，以应付舞狮时经常出现的武斗。传统上，南狮狮头有"刘备""关羽""张飞"之分，三种狮头，其颜色和装饰不同，舞法亦根据三个古人的性格而异。 红色为"关公狮"，代表忠义、胜利、财富；黄色为"刘备狮"，代表泽被苍生、仁义及皇家贵气；黑色为"张飞狮"，代表霸气、勇猛，故一般"张飞狮"只有在比赛或者踢馆挑战时才用，在喜庆的场合多用红狮和黄狮。

舞南狮时会配以大锣、大鼓、大钹。狮的舞动要配合音乐的节奏。舞南狮有时还会有一人扮作"大头佛"，手执葵扇带领狮队。

舞狮之前通常还会举行"点睛"仪式。仪式由主礼嘉宾进行，把朱砂涂在狮的眼睛及额头上，象征给予狮灵气及生命。

四、陀螺概述

（一）陀螺的起源

陀螺运动是一项古老的中国民间体育娱乐活动，在我国有着悠久的历史。1926年，在山西省夏县西阴村灰土岭发现的文物距今已有4000多年，其中，就有陶制的小陀螺。明朝著作《帝京景物略》就记载了木制陀螺的形状和玩法。10世纪以前，陀螺运动由中国传入朝鲜、日本等国。陀螺的起源，因年代久远，暂无可进一步参酌的资料记载。目前，从一般的书籍或网络资料查询当中可得知，在宋朝时就有一种类似陀螺的游戏，名字叫作"千千"，与今日的手捻陀螺造型相似。至于"陀螺"这个名词，直至明朝才正式出现。现今一般常见的传统陀螺，大致是用木头、塑料或金属制的圆锥形状，前端大多为铁质材料，玩者会因不同方式的玩法，将陀螺钉制作成圆柱形、斧头状或尖锐形。

知识窗

陀螺运动是一项两队在比赛场地上，从守方旋放陀螺开始，由攻方将自己的陀螺抛掷，去击打守方陀螺，将守方陀螺击出比赛场区或比守方陀螺在比赛场区内旋转的时间更长为胜的比赛项目。比赛只计攻方得分，以当场比赛的累计得分决定该场胜负，得分多的队为获胜队。

（二）陀螺的发展

随着社会的发展，陀螺运动在各地的发展也形态各异，玩法多样。各民族间的陀螺形状及打法各有不同，如云南傣族称陀螺为"百跌"，陀螺形状接近正规比赛用的陀螺；佤族称陀螺为"布冷"，陀螺的头大身细，形似鸡枞（一种野生食用菌类），形状奇特；广西壮族用的陀螺像一个大盘子；瑶族用的陀螺最重可达到四五千克。据《中华民族传统体育志》记载：1945年台湾地区桃园县大溪镇等地成立陀螺俱乐部，百余人打一个60千克的陀螺，可谓巨型。进行陀螺比赛时，万变不离其宗，对方互相旋放击打，互撞之后，以陀螺旋转的时间长者为胜。

1982年，在云南省第三届少数民族传统体育运动会上首次把陀螺运动列为表演项目。1989年，在昆明召开了打陀螺规则研讨会，同年，在云南省第四届少数民族传统体育运动会上将陀螺运动列为比赛项目。由于打陀螺具有极强的对抗性和娱乐性，同时又能增强人的体质，因此，云南省民族传统体育协会专门组织专家和学者对陀螺项目进行挖掘和整理。1991年，在第四届全国少数民族传统体育运动会上，首次将打陀螺列为表演项目。1995年，在第五届全国少数民族传统体育运动会上，国家体委（现国家体育总局）、国家民委把打陀螺列为正式的竞赛项目，有河北、广东、上海、海南、云南等12支队进行角逐，争夺4块金牌。到了2011年，在第九届全国少数民族传统体育运动会上，打陀螺的参赛队伍由原来的12个代表队增加到18个代表队。

陀螺运动的价值

五、高脚竞速概述

高脚竞速原名为"高脚马"，是流行于湖南、湖北、四川、云南等省市，以及土家族、苗族等民族聚居地区的一项民间传统体育运动，有竞速、对抗、竞艺等多种运动形式。高脚竞速的方法是比赛中运动员两手各持一杆，同时脚踩杆上的踏镫，在田径场上进行比赛，以在同等的距离内所用的时间多少决定名次。

我国的高跷游戏由来已久。早在原始社会，人们为了采摘较高树枝上的野果，在腿上绑两根木棍以增加身高，闲暇时，则进行嬉戏娱乐，从而形成最早的高脚活动，后逐渐发展演变成在古代百姓中的技艺表演。现在可考据的最早对高脚竞速的有关记载，是《列子·说符》。书中讲道，春秋末期宋国有一个叫兰子的人，将与身体一样长的木棍绑在小腿上用脚蹬在上面疾步如飞，还能蹬在木棍上舞弄七把剑。到了战国时期，喜玩跷技的艺人游走各国，高脚逐渐发展成为一项杂技艺术。此后，高脚作为一种技艺常在宫廷中表演，并作为一种游戏在民间广泛地流行开来。

改革开放以来，党和政府非常重视民族传统体育工作，把发展民族传统体育事业作为民族工作和体育工作的一项重要任务，对民族传统体育进行挖掘和保护。通过各级政府和有关部门的努力，高脚竞速运动成为由政府举办的体育赛事之一，初步实现了由民族民间娱乐项目向体育竞赛项目的转化，并在第三届、第四届、第五届和第六届全国少数民族传统体育运动会上被列为表演项目。2003 年 9 月，在宁夏自治区银川市举行第七届全国少数民族传统体育运动会上，高脚竞速被正式列为比赛项目，共设男子、女子 200 米，男子、女子 2×200 米，男女 4×100 米混合接力 5 个项目。

六、板鞋竞速概述

板鞋竞速的锻炼价值

民族传统体育是人类社会生活的组成部分，也是培育许多现代竞技项目的沃土。板鞋竞速运动是一项具有民族特色的传统体育运动项目，以其特有的健身性、竞技性和娱乐性等特征，深受广大人民群众的喜爱。

板鞋竞速运动起源于广西壮族民间的一项传统体育运动项目。相传在明朝嘉靖年间，倭寇侵扰我国沿海，广西田州土官瓦氏夫人率“狼兵”赴江浙抗倭，瓦氏夫人为了提高“狼兵”的战斗意志和集体观念，她让几个士兵同穿一双长木板鞋“齐步”跑。经过长期训练，士兵素质大大提高，纪律严明，战斗力强，所向披靡，挫败倭寇，为国立了大功。后来，广西南丹县那地州民间效仿瓦氏夫人的练兵法，在田头地角、房前屋后开展以三人板鞋为主的竞速活动，相袭成俗，流传至今。板鞋运动有三人板鞋、板鞋舞蹈、板鞋拳术、龙凤板鞋等多种形式，最常见的竞赛项目是三人板鞋。

板鞋竞速对运动场地要求不高，制作板鞋的器材简单，只要 1 块木板和 3 小块橡胶，具有鲜明的民族特点，为人们的闲暇生活增添了不少乐趣。在全国第四届、第五届少数民族传统体育运动会上，板鞋竞速项目被列为表演项目，受到广大观众欢迎和称赞。2007 年 11 月，在广东省广州市举行的全国第八届少数民族传统体育运动会上，板鞋竞速项目被正式列为竞赛项目。

板鞋竞速是由多名运动员一起将足套在同一双板鞋上，在田径场上进行赛跑的比赛，以在同等的距离内所用的时间多少决定名次。比赛项目有：男子 60 米、男子 100 米、女子 60 米、女子 100 米、男女 2×100 混合接力。

七、珍珠球概述

（一）珍珠球的起源

珍珠球源于生产劳动——采珍珠，又被称作"踢核""采核""扔核"，是满族的传统体育项目，在满语里，"核"即"珍珠"的意思。晶莹的珍珠在古代被认为是女性的贞节、宗教上的虔诚和富贵身份的象征。佩戴珍珠是古代满族人的习俗，满族人把珍珠当作光明和幸福的象征。据《文献通考》记载，珍珠球作为一种游戏在民间流传，距今已有 400 多年的历史。清太祖努尔哈赤时期，居住在白山黑水之间的满族先世女真人，曾在松花江、鸭绿江、牡丹江以及嫩江和渤海沿海一带捕捞蛤蚌采集珍珠。青年男女在采珠之余，欢庆收获之际，经常进行象征性的捕捞蛤蚌的竞赛游戏。在设有水区、蛤蚌区和船区的场地中，采珍珠人在水区设法摆脱蛤蚌区的防守，用布包、绣球或充气之后的猪膀胱等物品代表珍珠以传、投等动作竞相往鱼篓中投，投到船区同伴的手中或用抄网将球抄入网中，投（抄）中者预示未来出海时可以采集到更多的珍珠。同时，为了表示人们与风浪拼搏的艰险，蛤蚌区的"蛤蚌"防卫着珍珠不被夺走，于是这种游戏逐渐演变成一种攻防兼备的珍珠球游戏。珍珠球游戏最初在河中进行，后来移至陆地上以体育游戏的方式模仿在水中捞取珍珠的情形，投中多的一方为胜者。珍珠球在满族不同居住地区有不同的叫法，在辽宁称"投空手"，在北京称"采珍珠"，在山东称"打司令"。一般在满族最重要的节日——颁金节，都要举办珍珠球等具有满族特点的传统体育项目比赛。

> **知识窗**
>
> 珍珠球，我国满族的传统体育竞技项目，是由模仿采珠人的劳动演变而来的。珍珠球源于生活，是在人类社会劳动、生活过程中受多种因素的启示而发明创造并不断完善而成的，是人类智慧与劳动行为的结合，是反映时代生存形式、生活特点的一种人们生活的社会现象。珍珠球的本质是游戏，其属性是社会文化。自珍珠球运动被列为全国少数民族传统体育运动会的竞赛项目后，在全国得到了很好的推广和开展。

（二）珍珠球的发展

中华人民共和国成立后，在中华人民共和国国家民族事务委员会和国家体育总局制定的"积极提倡，加强领导，改革提高，稳步发展"的方针指导下，民族传统体育进入了一个崭新的发展阶段。在 20 世纪 80 年代以前，珍珠球运动始终停留在游戏阶段，主要流行于北京、东北等满族人民聚集的地区，并没有具体、详细的规则。

1980 年，河北省丰宁满族自治县率先开始珍珠球运动的发掘整理工作。1983年，北京市民族事务委员会组织在京的民族传统体育专家和学者，对"采珍珠"游戏进行整理、改进，同时参照篮球、手球规则编写出"采珍珠"游戏规则，并正式更名为珍珠球。1984 年，中央民族学院同北京怀柔区满族乡、河北省丰宁满族自治县联手对该项目进一步整理。

珍珠球运动
的特性

1987 年 8 月，在乌鲁木齐市举行的第三届全国少数民族传统体育运动会上，北京代表团首次表演了珍珠球。1991 年 11 月，在南宁市举行的第四届全国少数民族传统体育运动会上，珍珠球首次被列为正式比赛项目。2001 年 6 月，全国部分省市珍珠球邀请赛在沈阳市举行，此次比赛旨在修改和完善比赛的规则，锻炼裁判员和教练员队伍。新的珍珠球竞赛规则将水区队员人数由原来的 3 名变为 4 名，在得分区和封锁区之间增加一道宽 40 厘米的隔离区，得分的分值变化为 1 分和 2 分。2007 年，在广州举行的第八届全国少数民族传统体育运动会上，在确定得分为 1 分和 2 分的基础上，增加了投反弹球得 2 分的规定，从而使得分的手段多样化，使比赛更具有对抗性和观赏性。

珍珠球运动初创时期无明确的游戏规则和无人数、场地设备限制，在经历了 20 世纪 80 年代的整理阶段、90 年代的推广和传播阶段，以 21 世纪后的发展与完善阶段的发展历程后，目前，在全国已得到了很好的推广和开展。

第二节　民族传统体育运动竞赛规则简介

一、花样跳绳竞赛规则简介

（一）单绳花样

单绳花样的竞赛规则简介见表 14-2-1。

表 14-2-1

单绳花样	内　容
技术要求	（1）每人只限一绳，不能添加其他器材或特殊装备。 （2）运动员在指定的场地内比赛为有效动作。 （3）轻微失误扣除 2.5 分/次，严重失误扣除 5 分/次。一次失误之后，在记录下一个失误之前必须完成一个难度动作，相同的失误不重复记录。失误累计最多扣 20 分，直至得分为零。 （4）在一套花样中，重复的花样不会再次评分。对于相同的花样以前摇绳或后摇绳做出的动作将被视为不同的动作，将被再次评分。 （5）在两人（或以上）团体单绳花样中，只有动作同步时才评判难度分，互动配合等特殊的动作编排除外。车轮跳动作不予评分

单绳花样	内　容
评分办法	（1）评分元素及比例：单绳花样评分元素由动作难度50分、创意编排40分和规定动作10分三部分构成，满分为100分。 （2）动作难度评分细则：一般要求、基本动作、交叉动作、多摇动作、力量动作、体操动作、放绳动作、配合动作。 （3）创意编排评分细则：音乐运用、场地移动、完成质量、成套编排
规定动作评分细则	规定动作作为比赛中必须要完成的动作，若有缺失，则相应减分。规定动作分占总分的10%，满分为10分，每完成一个得相应分值
计分方法	所有计分表会由两名额外的裁判进行检查。相关成绩由两组裁判分别录入两台独立的计算机系统，若两组成绩相减得零，则录入无误。 所有成绩在计算过程中都将保留到千分位，即小数点后三位。所有公布的成绩都将保留到百分位，即小数点后两位

（二）车轮跳花样

车轮跳花样竞赛规则简介见表14-2-2。

表 14-2-2

车轮跳花样	内　容
技术要求	（1）每人只限一绳，不能添加其他任何器材或特殊装备。 （2）在整套动作中，相邻绳子必须依次交替打地完成车轮跳摇、跳绳的动作才予评分，两绳同时打地的动作不予评分。 （3）在一套动作中，重复花样不会再次评分，相同花样以同面正向摇绳、同面反向摇绳或异面摇绳做出的动作被认为是不同动作，可以再次评分，难度级别相同。 （4）轻微失误扣除2.5分/次，严重失误扣除5分/次。一次失误之后，在记录下一个失误之前必须完成一个难度动作，相同的失误不重复记录。失误累计最多扣20分，直至得分为零。
评分办法	（1）评分元素及比例：两人车轮跳评分元素由动作难度50分、创意编排40分和规定动作10分三部分构成，满分为100分。 （2）动作难度评分细则：一般要求、基本动作、交叉动作、多摇动作、转体动作、换位动作、体操力量动作、放绳动作。 （3）创意编排评分细则：车轮跳创意编排分占总成绩的40%，满分为40分，最小评分单位0.5分。包括音乐运用10分、场地移动5分、完成质量15分、成套编排10分。评分标准参考单绳花样。 （4）规定动作评分细则：规定动作为比赛中必须要完成的动作，若有缺失，则相应减分。规定动作分占总分的10%，满分为10分。 （5）计分方法：参考单绳花样计分方法

（三）交互绳花样

交互绳花样竞赛规则简介见表 14-2-3。

表 14-2-3

交互绳花样	内　容
技术要求	（1）只限一副交互绳，不能添加其他器材或特殊装备。 （2）所有摇绳者都必须转换为跳绳者，并且在绳内做至少 3 个不同动作才算有效。所有的跳绳者也必须转换为摇绳者。如果未达到要求，每个跳绳者缺少一个花样动作算一次严重失误，由主裁判员判罚，每次扣 5 分。 （3）两绳依次交替旋转打地的动作给予评分，两绳同时着地的动作不予评分。 （4）如摇绳者花样出现变化，跳绳者重复的花样可再次评分；如跳绳者花样出现变化，摇绳者重复的（摇、跳任何一方出现变化的）花样可以再次评分，重复不变的花样不再评分，摇、跳互换后相同的花样算重复。 （5）运动员在指定的场地内比赛为有效动作。所有运动员都参与时才能给分。 （6）轻微失误扣除 2.5 分/次，严重失误扣除 5 分/次。一次失误之后，在记录下一个失误之前必须完成一个难度动作，相同的失误不重复记录。失误累计最多扣 20 分，直至得分为零。
评分办法	（1）评分元素及比例：交互绳花样评分元素由动作难度 50 分、创意编排 40 分和规定动作 10 分三部分构成，满分为 100 分。 （2）动作难度评分细则：一般要求、跳绳者难度、摇绳者动作。 （3）创意编排评分细则：音乐运用、场地移动、完成质量、成套编排、互动环节。 （4）规定动作评分细则：规定动作为比赛中必须完成的动作，若有缺失，则相应减分。规定动作分占总分的 10%，满分为 10 分。 （5）计分方法：参考单绳花样计分方法

二、毽球竞赛规则简介

（一）场　地

毽球比赛的场地介绍见表 14-2-4。

表 14-2-4

场　地	内　容
场地面积	比赛场地采用羽毛球场双打场地，长 11.88 米，宽 6.1 米。场地上空 6 米以内（由地面计算）和场地四周 2 米以内不得有障碍物
界　线	比赛场地应按平面图画出清晰的界限，线宽 4 厘米，线的宽度包括在场地面积之内。较长的两条边界线叫边线，较短的叫端线。连接场地两条边线的中点与端线平行的线叫中线。中线将场地分为均等的两个场区。在中线两侧 2 米位置各画一条与中线平行的线叫限制线（此线包括在限制区内）
发球区	在两端线中点两侧各 1 米处向场外各画一条长 20 厘米与端线垂直的短线叫发球区线（此线不包括在发球区内）。发球区线向后无限延长的区域叫发球区

144

（二）球　网

毽球比赛所用的球网介绍见表 14-2-5。

表 14-2-5

球　网	内　容
球网的规格	球网长 7 米，宽 76 厘米，网孔直径 2 厘米。球网上沿有 4 厘米宽的双层白布，用绳穿起，将球网张挂在网柱上。球网必须挂在中线的垂直上空。球网为深绿色。网柱安在中线以外，距边线 50 厘米处
球网的高度	球网的中部顶端距地面的垂直高度为 1.60 米（男子）或 1.50 米（女子）。网的两端距地面的垂直高度必须相等，两端的高度与中间的高度相差不得超过 2 厘米
标志杆与标志带	在球网的两端，垂直于边线和中线交接处，各系有一条宽 4 厘米，长 76 厘米的白色带子，叫标志带。在球网上连接标志带外侧应系有两根有韧性的杆，叫标志杆。两杆内侧相距 6 米。标志杆长 1.20 米，直径 1 厘米，用玻璃纤维或类似的材料制成。标志杆应高出球网上沿 44 厘米，并用对比鲜明的颜色画上 10 厘米长的格纹

（三）毽　球

毽球的构造见表 14-2-6。

表 14-2-6

毽　球	内　容
构　成	毽球由毽毛、毽垫等构成
毽　毛	毽毛为四支白色或彩色鹅羽，呈十字形插在毛管内，每支羽毛宽 3.20 ～ 3.50 厘米
毽　垫	直径 3.80 ～ 4.00 厘米，厚 1.30 ～ 1.50 厘米。毛管高 2.50 厘米
毽球大小	毽球的高度为 13 ～ 15 厘米。毽球的重量为 13 ～ 15 克

（四）队员的场上位置

毽球比赛中队员的场上位置介绍见表 14-2-7。

表 14-2-7

场上位置	内　容
场　区	双方队员必须站在本方场区内。站在靠近球网的两名队员从左至右分别为 3 号位和 2 号位队员，靠近端线的队员为 1 号队员。场上队员的位置必须与登记的轮转顺序相符合

运动员的着装

毽球比赛的
暂停与换人

场上位置	内　容
发球的位置	发球的一方，2号位和3号位的队员站在发球队员的前方，彼此间相距不得少于2米。球发出后，双方队员可以在本方场区内任意交换位置
位置调换	每局比赛结束之前，队员的轮转顺序不得调换

（五）发　球

毽球比赛的发球规则简介见表14-2-8。

表 14-2-8

发球规则	内　容
发　球	发球队员须站在本方发球区内，用手持球，将球抛起，用脚踢向对方场区，使比赛正式开始。发球队员在球发出后才能进入场区。发球时2号位、3号位的队员不得有任何掩护动作，否则，判由对方发球
发球失误	发生下列情况之一时，即判为发球失误： （1）队员发球时，踏及端线或发球区线及其延长线。 （2）球未过网、触网或触及标志杆。 （3）球从网下穿过。 （4）球从标志杆及其延长高度以外过网。 （5）球触及任何障碍物，或在进入对方场区前触及本队队员。 （6）球落在界外。 （7）发球延误时间超过5秒。 （8）裁判员鸣哨后球坠落在地上。 当发球队失误时，应判失发球权，由对方发球
重发球	发生下列情况之一时，须重发球： （1）在比赛进行中，球挂在网上（最后一次击球挂网除外）。 （2）在比赛进行中，毽毛和毽垫在飞行时脱离。 （3）在裁判员鸣哨之前发球。 （4）在比赛进行中，其他人或物品进入场区
发球次序错误	当球发出后，裁判员发现队员次序错误，则判该队失发球权，并恢复正确位置。如犯规队已得分，应取消该队因该次发球次序错误所得的分数

（六）比赛通则

毽球比赛通则见表14-2-9。

表 14-2-9

比赛通则	内　容
比赛队员的组成	（1）比赛队由 6 人组成，上场队员 3 人，其中队长 1 人（左臂应佩带明显标志）。比赛前，各队应将参赛队员（包括替补队员）的姓名、号码登记在计分表上。未登记的队员不得参加比赛。 （2）也可因时、因地、因人制宜，增加单人、双人毽球赛，规则与 3 人制大体相同，计分可采取直接得分法。 （3）教练员和替补队员应坐在指定的位置上
教练员和队长	（1）比赛成死球时，教练员和队长有权要求暂停或换人。在暂停时间内，教练员可以进行场外指导，但不得进入场区。 （2）比赛进行中，场上队长有权向裁判员提出询问或要求解释，但必须服从裁判员的最终判决
比赛局数和场区选择	（1）比赛采用三局两胜制，第三局采取每球得分制。 （2）比赛前选择场地或发球权。第一局结束后双方交换场地和发球权。 （3）决胜局开始前，正裁判员召集双方队长重新选择场地或发球权。决胜局比赛中，任何一队先得 8 分时两队都应交换场地。交换时，不得进行场外指导。交换场地后，双方队员的轮转位置不得变更。经记录员查对后，由原发球队员继续发球。如未及时交换场地，一旦裁判员或一方队长发现时，应立即交换。比分不变
死球与中断比赛	（1）球触地及违例为死球。 （2）中断比赛：其他人或物品进入比赛场区；更换损坏的器材；运动员发生意外事故等。发生以上情况，裁判员应鸣哨，中断比赛和恢复比赛
局间间隙	一局比赛结束，下局比赛开始前，中间最多可有 2 分钟时间，供两队交换场地、换人和记录员登记号码，双方教练员在不影响上述工作的情况下，可以进行场外指导
网上球	在比赛进行中，球触及两标志杆以内的球网为好球，球触标志杆为失误
进入对方场区和空间	（1）过网击球为犯规。 （2）在比赛进行中，身体任何部位不得进入对方场区的空间。 （3）队员若用头攻球时，必须在限制线以外，但落地时两脚可落在限制线以内。防守队员在限制区内，头部无意识触球过网不判违例。 （4）在比赛进行中，除脚以外，身体任何部位不得触及中线。脚不得完全越过中线
触　网	（1）比赛进行中，队员身体任何部位触及两标志杆以内的球网，均为触网违例。 （2）队员击球后，触及标志杆或标志杆以外的球网、网柱、网绳或其他物体，不算违例
计胜方法	（1）接发球队失误，应判对方得一分；发球队失误，则判由对方发球。 （2）某队得 15 分并至少比对方队得多 2 分时，则为胜一局。如比分是 14：14，比赛应继续进行，直至某队领先 2 分，方为胜一局

三、舞龙舞狮竞赛规则简介

（一）舞龙竞赛规则简介

1. 场地器材

舞龙的场地器材介绍见表 14-2-10。

表 14-2-10

场地器材	内　容
竞赛场地	竞赛场地为边长 20 米的正方形平整场地（如遇特殊情况，则场地为不得少于边长 18 米的正方形），要求地面平整、清洁，场地边线宽 0.05 米，边线内沿为比赛场地。边线周围至少有 1 米宽的无障碍空间
器　材	舞龙运动的器材主要有：龙珠、龙头、龙身、龙尾、鼓等。在比赛中对龙珠、龙头和龙身的器材规格都有着严格的规定。如龙珠的球体直径不少于 0.35 米，杆高（含珠）不低于 1.20 米；对龙头的规定是龙头的重量不得少于 3 千克，杆高（含龙头）不低于 1.8 米；而对龙身的规定则要求以九节布龙参赛，龙身为封闭式圆筒形，直径不少于 0.35 米，全长不少于 18 米，龙身杆高（含龙身直径）不低于 1.6 米，两杆之间距离大致相等。对于龙身、龙尾、龙珠的重量则没有限制

2. 评分标准

舞龙比赛的评分标准见表 14-2-11。

表 14-2-11

评分标准	内　容
规定套路的评分标准	（1）动作规格。 （2）布局、结构、精神面貌。 （3）音乐伴奏。 （4）服饰
自选套路的评分标准	（1）动作规格。 （2）编排。 （3）音乐伴奏。 （4）服饰、器材。 （5）动作创新，动作难度

（二）舞狮竞赛规则简介

1. 场地器材

舞狮的场地器材介绍见表 14-2-12。

表 14-2-12

场地器材	内　容
场　地	竞赛场地为边长 20 米的正方形（特殊情况下，不得少于边长为 18 米的正方形），要求地面平整、清洁，边线宽为 0.05 米，边线内沿以内为比赛场地，边线外至少有 1 米宽的无障碍区，场地上空从地面量起，至少有高 8 米的无障碍空间。比赛应在地毯或木板上进行
器　材	（1）北狮：引球球体直径不少于 0.3（±0.02）米，颜色、图案不限。狮身为包身覆盖形，两狮的颜色要有区别或有不同标志。扮狮的运动员；其服饰要与狮子的颜色、狮毛一致，运动员的鞋应被狮爪形覆盖。高台层的搭台面高度不超过 3 米。5 个梅花桩立桩，最低 0.8 米，最高为 1.6 米，桩上圆盘面直径不超过 0.38 米（含保护圈垫）。 （2）南狮：桩阵中桩的高度不得超过 3 米，最低不得低于 0.5 米，其中半数桩必须达到 2 米，桩顶脚踏圆盘直径不超过 0.38 米（含保护圈垫），桩阵长度不得超过 15 米，最短不少于 10 米（含曲线计算），宽度不得超过 1.5 米，不能少于 0.5 米

2. 竞赛方法

舞狮的竞赛方法见表 14-2-13。

表 14-2-13

竞赛方法	内　容
竞赛类型	单项赛、全能赛
性别分组	男子组、女子组
比赛项目分组	规定套路、自选套路、传统套路、技能舞狮以及其他舞狮（形式不限）

四、陀螺竞赛规则简介

（一）规则简介

1. 比赛通则

陀螺比赛通则见表 14-2-14。

表 14-2-14

竞赛方法	内　容
赛前准备工作	在记录员的主持下，双方队员进行验陀及验鞭绳。在第一裁判员的主持下，双方队长进行抽签选择进攻或是防守之后，进入攻守预备区准备比赛
防守、进攻	当第一裁判员鸣哨示意放陀，守方进入比赛场地将陀螺置放于旋放区且旋转，否则视为死陀；置放于死陀置放点让攻方进行攻击；当第一裁判员鸣哨示意攻击时，攻方队员进入攻击区进行有效攻击。当第一裁判员示意捡陀时，双方队员迅速捡陀并回位，这样就完成一次攻防
比赛设项	比赛可设男子团体赛、女子团体赛，男女混合双打、男子双打、女子双打、男子个人赛、女子个人赛
比赛方法	（1）团体比赛：每队可报 4 名队员，3 名队员上场比赛。 （2）个人比赛：按抽签顺序攻守，每场比赛每名队员攻守 6 次（3 次后攻守互换）。 （3）男女双打和混合双打比赛

2. 得分、比赛胜负及名次计算

陀螺得分、比赛胜负及名次计算见表 14-2-15。

表 14-2-15

得分、比赛胜负及名次计算	内　容
得分、比赛胜负及名次计算	（1）得分：比赛中得分值为 0、1、2、3、4，即打停得 4 分，旋胜得 3 分，旋平得 2 分，旋负得 1 分，无效进攻得 0 分，比赛中以得分多者为胜。 （2）比赛胜负： 团体比赛结束后，若两队得分相等，休息 5 分钟，抽签决定攻守顺序，加赛一局。若得分再相等，按此方法处理（中间无休息），如加赛 3 局比分仍相等，则以加赛前的最后一局中的 4 分、3 分、2 分、1 分的多少给予判定。如仍相等，则以倒数第二局的相应得分给予判定。如仍相等，则依此类推，直至决出胜负。 单项比赛中，一场比赛后双方得分相等，抽签决定攻守顺序，每人再攻守 1 次。若得分再相等，则继续加赛，如加赛 5 次，比分仍相等，则以加赛前的最后一场的 4 分、3 分、2 分、1 分的多少给予判定。如仍相等，则以倒数第 2 场的相应得分给予判定。如仍相等，则依此类推，直至决出胜负。 （3）名次计算： 各队（人）胜一场得 2 分，负一场得 1 分，弃权得 0 分。积分多者名次列前。 若两队（人）积分相等，以两队（人）之间的胜负决定名次，胜者列前。 若两队（人）以上场次积分相等，则根据他们之间的场次得分计算，得分多者名次列前，若得分再相等，按各场比赛所得 4 分、3 分、2 分、1 分的累计总次数顺序类推决定名次，大分值多者名次列前。 若再相等，则从比赛最后一场的最后一陀开始，往前类推对比，分值高者列前，直至推算出最终结果

3. 犯规及判罚

陀螺比赛犯规及判罚见表14-2-16。

表 14-2-16

犯规及判罚	内　容
犯　规	（1）守方队员旋放陀螺时身体的任何部位及鞭杆触及旋放区。 （2）攻方队员在攻击时身体的任何部位或鞭杆超越攻击区各条线段而触及比赛场。 （3）攻方队员在实施攻击后，可滞留在攻击区内。但在裁判员未做出最后判定和报分前，身体任何部位或鞭杆超越攻击区而触及比赛场区地面。 （4）在裁判员未做出最后判定和报分前，守方队员身体的任何部位触及比赛区地面（提前进入比赛场区）。 （5）无效进攻。 （6）顺序错误，比赛中，攻守的一方或双方未按比赛位置表顺序出场参加比赛。 （7）更换器材的时间超过2分钟。 （8）在裁判员未按最后判定前，攻方队员在比赛场区所含攻击区内触及任何一方的比赛陀螺
犯规的判罚	攻方犯规，判其失去该次进攻机会；守方犯规，判攻方得4分

陀螺竞赛的
裁判法简介

五、高脚竞速竞赛规则简介

（一）竞赛办法

高脚竞速竞赛办法见表14-2-17。

表 14-2-17

竞赛办法	内　容
分道跑	所有竞赛项目均采用分道跑
起跑口令	（1）"各就位"：运动员上跑道，将两根高脚杆立于起跑线后，杆底部不得触及或超过起跑线。 （2）"预备"：运动员以任何一只脚上踏镫，另一只脚必须站在起跑线后的地面，作好起跑的最后准备。 （3）鸣枪：运动员听到枪声后，另一只踏地的脚立即踏上踏镫向前跑进
脚的位置	在途中跑中，脚必须踩在高脚上，如出现脚落地，则必须在落地处重新踏上高脚才能继续向前跑进
比赛结束的标志	以运动员身体躯干任何部位（不包括头、颈、臂、腿和脚）抵达终点线后沿垂直面瞬间为止比赛结束
接力赛方法	接力赛采用一副高脚撑杆，交接撑杆必须在接力区内完成。混合接力赛时，第1棒、第3棒为女队员，第2棒、第4棒为男队员

竞赛办法	内 容
名次判定	以比赛用时少者名次列前，如比赛分预赛、复赛和决赛，则以决赛成绩决定名次，时间少者名次列前

（二）犯规与判罚

高脚竞速裁判法简介

高脚竞速犯规与判罚见表 14-2-18。

表 14-2-18

犯规与判罚	内 容
抢 跑	鸣枪前立于地面的脚离地为抢跑犯规。处罚：第一次给予警告；第二次取消犯规者该项目比赛资格
窜 道	在跑进中窜入其他跑道，特别是从外道窜入内道，视为犯规。处罚：取消比赛资格
落 地	运动员从高脚摔下地或一只脚从踏镫上滑落下地，未在落地处重新踏上踏镫。处罚：取消比赛资格
人杆分离	运动员抵达终点时，身体或高脚撑竿的一部分还未过线，脚与踏蹬分离。处罚：取消比赛资格
其 他	接力赛中在接力区外交接高脚撑竿，或退出接力区时阻挡或妨碍其他运动员跑进。处罚：取消比赛资格

六、板鞋竞速竞赛规则简介

（一）比赛方法

板鞋竞速比赛方法见表 14-2-19。

表 14-2-19

比赛方法	内 容
起跑口令	（1）"各就位"：运动员将板鞋置于跑道起跑线前，运动员共同套好板鞋，任何一只脚的板鞋不得触及或超过起跑线。 （2）"鸣枪"：枪响后，运动员方可起动跑进
途中跑	运动员在比赛过程中，如果出现某一队员的脚脱离板鞋、脚触地或摔倒，须在触地（落地）处重新套好板鞋继续比赛

续　表

比赛方法	内　容
终　点	以第一名运动员身体躯干的任何部位抵达终点线后为止，运动员的身体和板鞋需全部超过终点线后才能分离
接力赛	（1）接力区：每个接力区长度为 10 米，在中心线前后各 5 米，交接的开始与结束均从接力区分界线的后沿算起。 （2）要求：①接力赛采用多副板鞋组成多棒进行。②第一棒队员和第二棒队员的交接必须在接力区内完成。③完成交接的队员应停留在各自的分道或接力区内，直到跑道畅通后方可离开。④每队服装需统一

（二）犯规与判罚

高脚竞速犯规与判罚见表 14-2-20。

表 14-2-20

犯规与判罚	内　容
犯　规	（1）抢跑：鸣枪前跑进起跑线。 （2）窜道：运动员在比赛过程中窜离本跑道。 （3）比赛中运动员脚脱离板鞋触地，未在原地穿好板鞋。 （4）运动员抵达终点时，两只板鞋的一部分仍未过线，脚与板鞋分离。 （5）运动员在比赛过程中，有阻挡或妨碍其他运动员跑进的行为。 （6）接力赛：队员在接力区外交接接力棒；在退出接力区时，阻挡或妨碍其他运动员跑进
判　罚	（1）抢跑犯规：第一次给予警告，第二次取消犯规者该项目比赛资格。 （2）发生其他犯规规则中之一者，取消犯规者该项目比赛资格

七、珍珠球竞赛规则简介

珍珠球竞赛规则简介见表 14-2-21。

表 14-2-21

竞赛规则	内　容
比赛及球队	（1）比赛分两个队，每队各上场 7 名队员。水区内双方各有 4 名队员负责攻防。每队有 1 名持抄网的队员在得分区内。封锁区内有 2 名持球拍的防守队员。

竞赛规则	内 容
比赛及球队	（2）比赛分上、下两个半时，各 15 分钟，中间休息 10 分钟；每队由教练、领队、工作人员各 1 名和不超过 14 名的球员组成，球员中有 1 名是队长，比赛结束时得分多者为胜，若得分相等，则延长 3 分钟为决胜期，必要时须延长到分出胜负为止。决胜期是下半时的继续。在所有决胜期中，球队按下半时的进攻方向进攻，全队累计犯规及罚则延续到每一决胜期。第一个决胜期前，抛币选择发球权。以后每打一个决胜期，双方互换一次发球权。下半时与第一个决胜期之间休息 2 分钟，以后的每个决胜期之间只交换发球权、不休息
比赛开始	一名水区队员持球站在中圈本方场区的半圆内，裁判员鸣哨示意比赛开始，5 秒钟内圈内水区队员将球传给中圈外的水区队员；发球前，除发球队员外，双方水区队员要站在中线后的水区内；球出中圈前，双方任何队员都不得进入中圈或将身体的任何部位超越中圈线的垂直面（圆柱体），否则判违例；每半时、每一决胜期都用该程序；所有比赛的下半时，双方要互换场区和发球权，决胜期双方只互换发球权不互换场区；赛前 10 分钟，双方队长用抛币的方法选择发球权或场区，若一方选择了发球权，则对方有权选择场区；否则相反。某队在场上准备比赛的队员不满 7 名，比赛不能开始
抄（投）球入网	（1）整个球体越过得分线的垂直面处和在得分区的空间或地面上。 （2）球的整体在空中越过得分线及延长虚线的垂直面，落在得分区边、端线以外地面前。 （3）投射到拍网区域（封锁区、隔离区与得分区）地面上的反弹球，弹起后整个球体越过得分线的垂直面，落在得分区边、端线以外地面之前。 （4）抄（投）球入网，球在网中有一个相对稳定的停止时间，在裁判员认定得分后，球才可出网
抄网队员、得分与分值、继续比赛	抄球（含点球）时，持网队员身体的任何部位（含器械）不得在球入网前、入网的同时或入网后触及得分线、边线、端线及以外的地面。即使在得分区内将球抄入网中，但其后身体不能稳定在得分区内，在裁判员认定得分前身体的任何部位（含器械）触及了得分线、边线、端线及以外的地面不能得分。 （1）持网队员抄球（含点球）入网后身体必须停留在得分区内。抄中本规则限定的或任何经拍网队员身体（含器械）挡碰的球得 1 分。抄中本规则限定的、不经拍网队员身体（含器械）挡碰的球得 2 分。球可能多次接触地面或在得分区地面上滚动或停留在得分区地面上，只要符合 1 分或 2 分的限定，抄中仍以所限定的分值认定。 （2）腾空抄球（含点球）入网后身体、器械接触场外地面、球从网中弹出，不得分。 （3）抄（投）球入网得分后，将球交给持拍队员或将球放在就近的封锁区内，持拍队员得球后必须在 5 秒钟内将球发出。点球罚中亦相同
限制区规则	（1）进攻队员不得进入前场的限制区内进攻，防守队员不得进入后场的限制区内进行防守。原地或起跳前不得触及限制线及限制区内的地面。跳起投球或防投球落地时可以触及限制线及限制区的地面，但必须立即退到水区。不得穿越限制区、封锁区及得分区。 （2）进攻队员可以进入后场的限制区接本方持拍队员传出的球，但必须在 5 秒钟内离开限制区，并进入水区，否则为违例；进攻队员违例，不论投（抄）中与否，不得分，判违例；防守队员违例，如投（抄）中判得分，违例不究；如没投（抄）中，按违例的罚则处理

竞赛规则	内　容
弃权或因缺少队员告负	超过比赛开始时间 10 分钟，球队未出场或能上场的队员不足 7 名，判弃权，对方以 5∶0 的比分获胜，弃权队在名次排列中记 0 分。比赛进行中，某队场上队员不足 4 人时（其中至少有 1 名持拍队员、1 名持网队员），即判该队以缺少队员告负。如当时对方队得分领先，即以比赛停止时的比分作为结局。如当时对方队得分落后，则记录对方队以 2∶0 的比分获胜。因缺少队员告负的队在名次排列中记 1 分
封锁区及持拍队员规定	封锁区内双方各有两名持拍队员，双手各持一拍，身体姿势应正对或侧对水区（不许面对持网队员），在转身或移动的过程中也不许正面朝向持网队员；持拍队员不得用手、臂及膝以下部位主动触球；获球后应在 5 秒内将球传出；身体的任何部位（含器械）不得接触封锁区以外的地面，并受两条延长虚线的限制。如落地时踏及封锁线或进入限制区应迅速返回封锁区；身体的任何部位（含器械）不得越过得分线的垂直面、进入得分区空间或触及得分区的地面及球或与持网队员发生身体（含器械）接触。 （1）判违例，对方如抄（投）中，判给得分，违例不究。如没有抄（投）中，按违例罚则。 （2）技术犯规，对方抄（投）中，判给得 1 分或 2 分，再判给一次球权；未抄（投）中，判给对方一次点球和一次球权（远离球与持网队员的、无意进入得分区空间或触及得分区的地面可视为偶然，接触到球的、直接影响到持网队员的抄球或直接破坏掉持网队员可能抄中的球时，则必须判罚技术犯规）
得分区及持网队员规定	双方各有一名队员手持一个抄网，球合法抄入网后按规则得 1 分或 2 分。 （1）持网男、女队员身高不得超过 1.95 米和 1.90 米。 （2）持网队员不得用手（持网手除外）、臂及膝以下部位主动触球。但可用抄网的任何部位（含持网的手）连续触球并抄入网内。 （3）持网手身体任何部位（含器械）不得越过得分线垂直面进入隔离区空间及触及地面和球。在不与持拍队员发生身体（含器械）接触的情况下，允许抄网的部分兜口和网兜越过得分线的垂直面。 （4）持网手可在得分区内抄采飞越边、端线上空及边、端线垂直面的球。但向边线外抄球时，球的位置仍受得分线延长虚线的限制。 （5）持网队员身体及器械的任何部位不得越过得分线的垂直面与对方持拍队员发生身体及器械接触。 （6）封锁区的持拍队员和得分区的持网队员不得越区与对方发生身体或器械的接触。 （7）违反 2～4 项规定为违例。不论抄中与否不得分。按违例处罚。 （8）违反 5 项规定为犯规。不论抄中与否不判给得分，判给对方 1 次点球，按点球的罚则处理
其　他	违例的规则与判罚、水区队员的犯规与判罚；争球与跳球、掷界外球、替换与程序；操纵比赛计时钟、25 秒规则、暂停；比赛中断等其他内容参考篮球规则，故不再赘述

155

第十五章

体操俱乐部指南

>> 本章导言

"体操"一词来自于希腊语"Gymnastike",意为"赤膊",因为在古希腊时代人们经常赤膊锻炼。广义地讲,体操运动概指为身体的操练。狭义地讲,体操运动是通过徒手、持轻器械或专门器械,以及在器械上正确完成各种类型的难度动作的练习,并体现出一定的艺术性,借以实现体育目的任务的一种手段。体操是健身强体的主要手段,被人民群众普遍采用。作为体操运动的主要组成部分的竞技体操被萨马兰奇先生称为现代奥林匹克运动会的四大支柱项目之一。

>> 学习目标

1.了解体操运动的健身价值。
2.了解竞技体操的赛事、竞赛规则及赛事观赏。
3.了解艺术体操的起源、特点及健身价值。

第一节　体操运动概述

一、体操的起源和发展

"体操"一词来源于希腊语"Gymnastike",即"裸体操练"的简称,因为古希腊人在锻炼身体时都是赤身裸体的。这种所谓的"体操"并非是现代体操的概念,而是对锻炼身体的一切活动的统称。

公元 16 世纪末,意大利和德国的一些儿童、青少年学校,为了使学生接受体育和劳动教育,在采用古希腊"体操"项目的同时,出现了像单杠、跳跃器、平衡木、软梯之类的器械体操,这就是现代器械体操的萌芽。由于这一时期各类学校都把这些身体操练作为教育手段,已意识到"体操"这一具有身体操练含义的名词已不能全面反映其教育的宗旨,具有"身体教育"含义的"体育"一词便应运而生。这样,"体操"和"体育"这一对当时的同义词,在世界各国相互混淆使用了很长一段时间后才逐步区分开来。在"体育"一词代替泛指一切身体锻炼活动的"体操"之后,体操便有其专门的现代体操概念,即体操是以徒手、持轻器械和在特定的器械上通过不同方式完成各种类型动作的运动项目。

二、我国体操运动的发展简况

体操在我国有着悠久的历史。在古代,体操有两类:一类是强健筋骨、预防疾病的体操,其中,最有代表性的是古代药学名著《黄帝内经》中的"导引养身术";另一类存在于古代歌舞、戏剧、杂技和流传于民间的技巧运动中。

现代体操于 19 世纪传入中国。1840 年鸦片战争以后,美、英等国先后在上海、天津、北京等地开设健身房和引进体操器械,出现了早期的现代体操内容。清朝末年,在北洋水师学堂和北洋武备学堂等军事学校中,有外国教官教授兵式操、徒手操和单杠、双杠、平梯等器械体操。1908 年,在上海成立了第一所体操学校,其教学内容主要是徒手体操和兵式操。

中华人民共和国成立后,在党和政府的一贯支持下,不仅群众性的体操活动广泛普及,而且我国竞技体操在各种世界比赛中也取得了优异成绩。马燕红在 1979年的第 20 届世界体操锦标赛中获得高低杠冠军,成为我国第一个体操世界冠军。黄玉斌在 1980 年的第 6 届世界杯体操赛中获得金牌,成为我国第一个男子体操世界冠军。在 1982 年举行的第 7 届世界杯体操赛中，李宁连夺 6 枚金牌，创世界体操史上又一奇迹，并被称为"体操王子"。1983 年，中国男子体操队在第 22 届世界体操锦标赛中，首次夺得团体冠军。2000 年，中国体操男团获得悉尼奥运会冠军，并于 2008 年第二次夺得该项目的奥运会冠军。2008 年，中国女子体操队力压美国队，并获得了金牌，这是中国队首次夺得奥运会体操女团的金牌。2012 年，中国男子体操队获得伦敦奥运会冠军。

第二节　竞技体操

一、竞技体操概述

　　竞技体操起源于欧洲。早在 19 世纪初，就出现了以器械练习和军事游戏为基础的德国体操，以教育体操、医疗体操为主的瑞典体操，以及以提高身体素质为主的丹麦体操这三个不同的流派。1881 年，欧洲成立了欧洲体操联合会。1896 年，在欧洲体操联合会的基础上，又成立了国际体操联合会，同年在希腊雅典举行的第 1 届奥运会上，体操被列为正式比赛项目。现在，我国竞技体操的发展突飞猛进，已经成为夺金的主要比赛项目之一。

二、竞技体操比赛项目

（一）男子项目

　　男子竞技体操项目包括自由体操、鞍马、吊环、跳马、双杠和单杠六个项目。
　　（1）自由体操：场地长和宽均为 12 米。自由体操成套动作主要由技巧动作组成，与其他体操动作，如力量和平衡、柔软动作、倒立及舞蹈等一起连接组合，从而构成了一个韵律和谐、节奏协调的整体。一套动作应该充分利用整个场地（12 米 × 12 米），并在 50 ～ 70 秒完成。自由体操对技巧串及静止动作都有严格要求，要求有向前的技巧串、向后的技巧串，静止动作要求有一定的难度。男子自由体操在比赛过程中没有配乐。
　　（2）鞍马：高 1.05 米，环高 12 厘米。现代鞍马的成套动作的主要特征是利用鞍马的所有规定部位，用不同的支撑姿势完成不同的全旋和摆越动作。做全旋时，以并腿全旋为主。允许有通过手倒立加转体或不加转体的动作，不同的结构组的动作必须在充分的摆动中完成，不能停顿，该项目中不允许有力量动作。

（3）吊环：环高 2.55 米。一套吊环动作应由比例大致相等的摆动和力量静止动作组成，这些动作和连接是通过悬垂，经过或成支撑，经过或成手倒立来完成，以直臂完成动作为主。由摆动到静止力量或由静止力量到摆动的过渡是当代体操的显著特点，做静止动作时，要求环静止，不能有大的摆动。吊环要求有一定难度的向前摆动完成的手倒立和向后摆动完成的手倒立，还要求有一个有难度要求的力量静止动作。

（4）跳马：高 1.35 米。跳马是由助跑开始的，以两腿并拢起跳完成的跳跃腾空动作。跳马的助跑最长距离为 25 米，助跑允许中断，但不允许返回重新跑。跳马要求腾空有一定的高度和远度。

（5）双杠：高 1.75 米。双杠由众多结构组中选出的摆动和飞行动作组成，并通过各种支撑和悬垂动作来过渡完成。在双杠项目上做上法时，必须从并腿站立姿势开始，不得有预先动作，一套动作中最多允许有三个停顿动作或静止动作，其他大于或等于 1 秒的停顿将不被允许。

（6）单杠：高 2.55 米。单杠整套动作都是由摆动动作组成的，以各种握法不间断地完成动作，包括大回环、近杠动作、围绕身体纵轴的转体及飞行动作。允许有两次过杠下垂面的单臂摆动动作。单杠要求有一定难度的腾空动作等。

（二）女子项目

女子竞技体操项目包括跳马、高低杠、平衡木和自由体操四个项目。

（1）跳马：马身长 160～163 厘米，马身宽 35～36 厘米。马高根据不同年龄组而有所区别，成年组为 125 厘米，少儿组为 100 厘米。马腿是铁质的，可升降。放在跳马前方帮助运动员起跳的器材叫弓形助跳板，它也是跳马项目中一个不可缺少的器材，板高 20～30 厘米，是用胶合板制成的，有一定的弹性。所有跳马动作必须用双手撑马，助跑的长度个人自行安排。跳马动作可以根据在空中的不同腾空类型分为几个组别，在跳马之前教练员所举的号码代表了不同的动作。

体操著名赛事

运动员服装

（2）高低杠：女子体操的特有项目，它由一高一低两副杠组成，杠间距离可以调整。低杠高 130～160 厘米，高杠高 190～240 厘米。横杠是椭圆形的，长径 5 厘米、短径 4 厘米，是由玻璃钢加木质杠面制成的，具有良好的弹性和坚固性。竞技操规则中对成套动作的不同难度的组合要求、低杠和高杠之间的转换次数以及腾空动作的难度、转体的难度均有具体要求。

竞技体操小常识

（3）平衡木：长 5 米、宽 0.1 米，木高依运动员需要可升可降，正式比赛的高度为 1.2 米。平衡木有完成时间的限制，对于成套的动作难度和空中技巧串均有严格规定。

（4）自由体操：男女共有的一个项目，场地面积为 12 米×12 米，地毯下面设有许多海绵块。自由体操场地不同于一般地板，其具有良好的弹性和缓冲性能，便于运动员在上面完成各种高难度的体操跳步和技巧空翻动作。自由体操是在无伴唱的音乐下完成的空翻和技巧动作，有严格的场地和时间的限制，要求运动员在 70 ～ 90 秒完成所有动作。对于运动员技巧串的难度和动作之间的连接也有严格限制。

第三节　艺术体操

一、艺术体操的起源和发展

艺术体操，是一种艺术性很强的女子体操竞赛项目。实际上，艺术体操并非由人们单独发明创造，而是由当时法国的生理学家乔治·德迈尼、瑞士的音乐教师台尔·克罗兹、德国的舞蹈教师拉班，以及现代体操家博德和梅道等人，主张以女子优美的自然体形为基础，在音乐伴奏下，做出各种有节奏的艺术造型动作活动，从而发展女子身体的柔韧素质，形成正确的、健康的身体形态，同时提高人体动作的艺术性和协调性。

当时，专门从事研究体育与医学的艾德勒及他的学生库普，在长期致力于创造符合美学要求的和谐的研究之后，将动力性动作与放松的流线型动作交替进行，最终形成了具有活力及独特风格节奏体操的雏形。艺术体操就是在这个基础上，经过长期实践逐渐形成的。20 世纪 50 年代，艺术体操的名称被正式确定；1962 年，艺术体操被国际体操联合会确定为比赛项目；1963 年，举办了第 1 届世界艺术体操锦标赛；1984 年，奥运会将艺术体操列为正式比赛项目。

二、艺术体操的特点

（1）艺术体操是一项以身体的自然性和韵律性动作为基础，以节奏为中心的运动。摆动动作、波浪动作和弹性动作是艺术体操的基本运动形式。

（2）艺术体操必须有音乐伴奏，但音乐必须与轻器械和运动员的特点有机地结合。音乐节奏和情感必须与运动员所做动作的节奏和情感一致，使动作完成得更富神韵，表现出艺术的魅力，给人以美的享受。

（3）手持轻器械做动作时，器械与身体是统一的整体，必须充分合理地体现出器械的特点与身体动作完美无缺的结合。手持轻器械做动作是艺术体操的主要形式，也是竞赛规定的内容。运动员所持器械可以加大动作的幅度，是身体的延长，不能被当作装饰品，更不能静止不动。

三、艺术体操的内容

艺术体操内容丰富，根据动作的性质和特点，可分徒手练习和持轻器械练习两类。

（1）徒手练习。徒手练习是掌握各类身体动作技术，发展一般及专项身体素质，培养协调性和节奏感的主要手段。徒手练习的内容包括手臂与腿的基本动作、基本步法与舞步、摆动与绕环、屈体、波浪、跳跃、转体、平衡和近似技巧动作等。有时也常将芭蕾舞、民族舞及现代舞中的一些动作融入艺术体操表演中。

（2）持轻器械练习。艺术体操中的轻器械除正式比赛的绳、圈、球、棒和带以外，还有用作表演和教学内容的纱巾、扇、手鼓和短棍等。无论使用何种轻器械，都应体现出该种器械的特点，并与身体动作紧密配合，协调一致。

四、艺术体操的分类

（1）一般性艺术体操：以发展练习者的协调性、柔韧性和力量性为主要目的，以自然动作和协调动作为基础，在音乐伴奏下进行的个人或集体练习。其内容包括徒手练习和手持轻器械练习的各种基本动作，动作难度和练习强度不大，动作内容、练习形式及所用器械多样，不受场地、人数、时间等限制，便于开展。

（2）竞技性艺术体操：以提高技术水平和参加竞赛为主要目的的艺术体操。正式比赛只采用绳、圈、球、棒和带五种器械。运动员参加比赛的成套动作、时间、难度、场地、人数、器械规格、音乐伴奏等都应符合规则要求。

第十六章

体育社团组织与竞赛编排

>> 本章导言

体育社团是公民自愿组成，自主管理，为实现会员共同意愿，按照其章程开展体育运动（活动）的非营利性社会组织。体育社团是体育社会组织的主要实现形式，在全民健身中的作用日益突显。

>> 学习目标

1.了解体育社团的性质、功能和种类。

2.了解体育社团的组织与发展。

3.了解体育社团运动竞赛的编排。

第一节　体育社团概述

一、体育社团的性质

（1）民间性：社会团体无论是在学理上还是在法理上都被确定为民间组织，这是体育社团的基本社会定位。

（2）非营利性：体育社团不能以营利为目的。虽然一些体育社团从事经营活动，但最终目的必须是扩大体育社会效益。

（3）互益性：体育社团成员要在社团组织的活动中互利互惠，这也是社团成立的出发点。

（4）同类相聚性：体育社团是一种具有某种体育性质的人们的集合，他们或进行同一个体育项目，或开展共同交流。

二、体育社团的功能

代表群体参与政治活动；协助政府体育部门完成某些政府职能，如各类共青团、工会、女联合会的体育部门作为政府的助手做了大量具体工作；发展成员在体育知识、技术、技能方面的素质，为成员寻求体育机会，这是体育社团的主要功能；维护成员的个别权益和群体权益。

三、体育社团的种类

（1）竞技体育类社团：为了提高成员运动技术水平而成立的体育组织。

（2）社会体育类社团：为了开展社会体育活动，满足民众健身、休闲和社交等要求而成立的体育组织。

（3）体育科学学术社团：为了开展体育科学研究的学术活动而成立的体育组织。

（4）体育观众社团：为了联系、组织和管理赛事观众而成立的体育组织。

（5）体育娱乐享受型社团：以社团名义出现的高级消费俱乐部，会员要高价购买会员证，享受俱乐部提供的待遇。

（6）体育经济型社团：由体育产业、体育市场整合而成的同行业协会，如体育经纪人协会、体育健身器材协会等。

四、学校体育社团

学校体育社团是全校范围的组织，不同年级有着共同体育爱好的学生聚到一起，自发地形成了各种体育社团，在课外进行体育活动。这种体育活动的形式，不仅将学生在课堂学到的体育知识加以巩固和提高，还可以让学生全面掌握某一个体育项目的技术、技能，深受学生喜爱。

学校的各种体育社团形成不同的体育活动群体，不仅活动形式、内容丰富多彩，而且可以活跃校园气氛，营造一个健康、向上、和谐的校园氛围，还可以带动不太喜欢运动的学生积极投身到体育锻炼中来，并定期地举办年级、班级等不同级别的比赛。体育社团活动形式极大地丰富和活跃了学校课外体育活动，实现了学校体育的最终目的。

第二节　体育社团的组织与发展

一、体育社团的组建原则

（一）持续发展，量力而行

组织师生集思广益，根据本校实际情况，充分研究论证，制订切实可行的方案。明确指导思想、组织机构、社团名称、实施要求、考核办法、保障机制，充分发挥学校自身资源以及人才优势，极力打造特色社团。重点建设、重点发展，建出特色，抓出成果，切忌面面俱到，盲目发展。

（二）自主选择，自愿参与

在现有的各项目群体的基础上建立各种运动项目的体育社团；由对某一项目感兴趣的学生自发联合组成体育社团，人数不限，可多可少；由各专业组长或体育教师就学生的专业特长或技能需要，指导学生组建相应的社团。通过学生的参与，应实现学生的自我教育、自我管理和自我创新。

知识窗

　　体育社团是学校学生社团中的一部分，被称为协会或俱乐部，有的也称社。体育社团的形成是由体育爱好者为实现共同的体育目的，参与同一个体育社会活动而自愿结成的群众性组织。社团有严格的管理制度，社团干部有具体的分工，基本上能定期、定时开展社团活动。活动经费主要由校团委、学生会从本部门经费中拨给，以及来自成员缴费或企业的赞助。社团干部及成员开展工作都是义务服务。

（三）建章立制，循序渐进

　　学校要将学生体育社团的组建工作纳入工作计划，明确一名副校长分工负责好实施方案的制订、社团的组建、各项制度的健全、指导教师的确定和活动过程的管理、档案资料的收集整理、经验教训的总结反馈等工作，确保社团管理工作规范有序。

（四）形式多样，内容丰富

　　活动内容要贴近教学内容、比赛项目和专业技能等，可以涵盖学校体育项目、体能及专业技能特色项目等多种类型，为学生素质培养、个性塑造、强身健体、社会实践搭建平台，努力形成"百花齐放、百家争鸣"的良性发展趋势。

（五）灵活运行，自主创新

　　学生的社团活动可以定期或不定期进行，可在校内进行，也可到工厂、企业、社区、机关团体等进行。社团活动要使学生在社团自治自理、健康发展的过程中增强自身的体育素养、综合能力和自主意识。各社团要不断探索活动形式，注重经验总结，提升活动质量，争创优秀社团。

二、体育社团的组建步骤

（一）筹备建立期

　　以学生为基础，以质量为主线，以需求为导向，以活动为载体，制订具有本校特色、符合学生特点的学生体育社团建设实施方案。由分管校长任领导小组组长，团委书记任副组长，团委具体负责，其他部门共同关心支持。项目的选择应结合学校的师资和学生的实际需求进行，学生喜欢、易于开展的运动项目优先考虑。

（二）宣传发动期

管理部门要在实施意见的指导下，尽量通过学校广播站、海报、宣传栏，以及校园网络等宣传方式加大宣传力度，营造良好的舆论氛围，使更多的人了解和关注体育社团。教师引导学生根据自己的兴趣爱好、运动习惯和身体素质情况加入自己喜爱的体育社团。

（三）实施推进期

按计划组织实施，着手组建学生社团。选择对项目有浓厚兴趣并有较好体育基础的学生组成社团的骨干力量，培养和提高其组织管理能力，帮助他们树立在社团成员中的威信。由指导教师负责指导体育社团的学生有计划、有目的、有组织地开展运动技术的学习，引导学生学会自我锻炼、自我监督、自我调控、自我保健，以及自我评价。主管校长在此期间要对此项工作的管理部门（体育科组或团委学生会）进行检查指导。

（四）特色发展期

在体育社团数量增加的同时，要重视质的提高。学校要结合本校体育文化建设工作：一方面组织开展"学生社团建设、社团活动现场观摩以及社团建设经验交流会"；另一方面，树立先进典型，推广先进经验，开展全校优秀社团评比活动。

三、组建体育社团的工作要求

（一）方案可行，具有可操作性

实施方案必须切实可行，管理要到位，制度要健全。主要领导要亲自过问组建工作，加大管理力度。专、兼职指导教师要落实到位，并各司其职。要建立健全管理制度，每次活动都要有方案、有记录、有成果展示、有总结。

（二）加强社团档案管理

指派专人负责管理社团工作档案。档案内容应该包括组建过程资料、学校实施方案、各种相关的制度措施、各社团指导教师的活动计划，以及各项活动的策划方案、教材、活动过程资料（活动记录、图片、音视频资料等）、活动总结、学校的工作总结等。这些资料需要及时归档，作为学生德育评估材料备查。

（三）开展丰富多彩的体育活动

充分利用周末和纪念日来组织各体育社团开展丰富多彩的体育活动，借以充分展示学生的活动成果，张扬学生个性，提升学生体育素养。还应定期开展检查评比活动，将此项工作的绩效纳入年度考核内容，以调动师生的积极性，促进工作科学稳步开展。

（四）提倡互助互爱，共同进步

在社团活动中，应充分重视利用体育社团中运动技术水平相对较好的学生的核心作用，发挥他们的专长，将其他学生带动起来，鼓励学生自学，培养其自学能力。同时，充分发挥教师的指导作用，将学生的自学和教师的指导结合起来。

组建体育社团
遇到的问题

（五）加大宣传力度，及时总结经验

要充分利用校园网络优势，及时在校园网站上报道各社团活动情况。学校通信员可以向教育局网站宣传本校学生体育社团建设及活动情况，提高社团在本地的知名度。鼓励教师撰写专题文章，在网站上就社团建设问题展开讨论研究，总结经验，以便相互学习。

体育社团的
发展的措施
和方向

第三节　体育社团运动竞赛的编排

一、体育竞赛的基本赛制

（一）循环制

循环制是参加队（人）按一定的顺序与其他队（人）逐一相遇比赛，最后根据全部比赛的胜负数计算各队得分，确定各队名次。其优点是比赛和锻炼的机会多，有利于互相学习，共同提高，能够比较合理地确定名次。缺点是比赛场次多，所需时间长，并要求有一定的场地器材等设备条件。

（二）淘汰制

淘汰制是通过比赛逐步淘汰成绩差的队或运动员，最后确定优胜者的方法。这

种方法的优点是节省时间，缺点是不能比较合理地确定名次，不利于锻炼队伍提高水平，是一种偶然性比较大的竞赛制度。一般是在赛期短、参加队数多的情况下采用。

（三）轮换制

将运动员分成若干组，在同一时间内，分别进行各个项目的比赛。赛完一项后，各组依次轮换再进行另一项比赛。例如，竞技体操团体比赛的男子 6 个项目、女子 4 个项目的比赛方法就是轮换制。

二、体育竞赛的编排

（一）循环制

循环制的内容见表表 16-3-1。

表 16-3-1

循环制	内 容
单循环	所有参赛者（队或个人）在比赛中均能相遇一次，最后按参赛者在全部比赛中的胜负场数、得分多少排列名次，这种比赛方法一般在参赛者不多，而竞赛期限又较长时采用
双循环	所有参赛者（队或个人）在比赛中相遇两次，最后按全部比赛中胜负场数、得分多少排列名次。这种比赛方法，一般在参赛者较少而竞赛期限又较长时采用
分组循环	把参赛者（队或个人）分为若干组，分别进行单循环比赛。一般在参赛者较多而竞赛期限又较短时采用

1. 单循环比赛场数和比赛轮次的计算方法

单循环比赛场数和比赛轮次的计算方法，见表 16-3-2。

表 16-3-2

单循环比赛	内 容
场数的计算	场数=［参加人数×（参加人数-1）］÷2。 例如，有 6 个球队参加篮球联赛，采用单循环赛的方法进行，其比赛场数为： 场数=［参加人数×（参加人数-1）］÷2=［6×（6-1）］÷2=15
轮数的计算	当队（人）数为偶数时，轮数=队（人）数-1。 例如，10 个队参加比赛，轮数=10-1=9。 当队（人）数为奇数时，轮数=队（人）数。 例如，5 个队参加比赛，需进行 5 轮

单循环比赛	内　容
比赛顺序的确定	确定单循环比赛顺序的方法很多，经常采用的是"逆时针轮转法"。例如，有6个队参加比赛，首先用1～6号码，分别代表各队的名称，按以下方法排出各轮次的比赛，然后抽签将队名填入轮次表，再排定比赛日程
单循环赛名次的确定	以获胜次数多者名次在前。如有两个队获胜次数相等，则谁胜谁就名次在前。如有两个以上的队获胜次数相等，则根据他们相互之间比赛的胜负比率，即胜÷负或胜÷（胜＋负）来决定名次。首先计算次率，其次计算场率，再次计算局率，最后计算分率，直至算出全部名次为止

2. 双循环比赛轮次表的编排

双循环比赛轮次表的编排方法与单循环比赛的编排法相同。不同之处是双循环比赛要排出第一循环和第二循环的比赛轮次表。例如，5个队参加比赛，比赛轮次见表16-3-3。

表16-3-3

	第一轮	第二轮	第三轮	第四轮	第五轮
第一循环	0—1	0—2	0—3	0—4	0—5
	5—2	1—3	2—4	3—5	4—1
	4—3	5—4	1—5	2—1	3—2
第二循环	0—1	0—2	0—3	0—4	0—5
	5—2	1—3	2—4	3—5	4—1
	4—3	5—4	1—5	2—1	3—2

3. 分组循环的编排

分组循环就是把参加的队分成若干小组，采用两阶段或三阶段的分组循环比赛。例如，15个队参加比赛，分成3个小组，每组进行5×（5-1）/2=10场比赛，3个小组共进行30场比赛，需要的轮数为5轮。经过小组循环比赛，排出各小组的名次后，再进行第二阶段的比赛。第二阶段的比赛可采用下列方法。

（1）将各小组第1名编一组，进行单循环比赛，决出1～3名；各小组第2名编在一组，决出4～6名；各小组第3名编在一组，决出7～9名；各小组第4名编在一组，决出10～12名；各小组第5名编在一组，决出13～15名。

（2）如果比赛期限短，可只将第一阶段各小组的第1名、第2名编在一组进行比赛，决出1～6名，其他各队不再参加第二阶段的比赛。

（3）如果第一阶段的预赛是分两个小组进行单循环比赛，那么第二阶段可把小组的前两名编在一组争夺1～4名，小组的第3、第4名编在一组争夺5～8名，其余类推。

（4）循环制的抽签方法：根据规程规定，在比赛前，由主办单位召集各领队举

循环制的抽签方法

行公开抽签，排好比赛轮次表，使各队明确比赛的次序、日期、时间和地点，以便做好准备。

（二）淘汰制

1. 单淘汰赛

单淘汰赛的内容，见表 16-3-4。

表 16-3-4

单淘汰赛	内 容
选择号码位置数	采用单淘汰赛的比赛方法时，应先根据参赛人数灵活选择最接近的较大的 2 的乘方数作为号码位置数。如参赛选手的人数不等于号码位置数时，需要在比赛的第一轮设置一定数量的"轮空"位置，使参加第二轮比赛的运动员人数正好是 2 的乘方数。如参赛人数稍大于 2 的乘方数时，再用轮空的方法。若轮空人数太多，这时可用"轮号"的方法来解决
轮数和场数的计算	（1）计算轮数。 单淘汰赛所采用的号码位置数（2 的乘方数）的指数（自乘的次数）即为轮数。2 的几次方即为几轮。 4 个号码位置数 = 2^2，即 2 轮 8 个号码位置数 = 2^3，即 3 轮 16 个号码位置数 = 2^4，即 4 轮 32 个号码位置数 = 2^5，即 5 轮 64 个号码位置数 = 2^6，即 6 轮 （2）计算场数。 场数 = 参赛人（队）数 -1 例如，16 人参加单淘汰赛，比赛场数为 16-1=15（场）

2. 双淘汰赛

双淘汰赛的内容见表 16-3-5。

表 16-3-5

双淘汰赛	内 容
轮数和场数的计算	（1）计算轮数。 胜方与负方轮数分别计算。胜方轮数与单淘汰赛计算方法相同，即所选用的号码位置数（2 的乘方）的指数（自乘的次数）即为轮数。负方轮数等于胜方轮数 +1。 （2）计算场数。 场数 =2X-3（X 为参加人数或队数） 这个计算公式实际上是胜方比赛场数与负方比赛场数之和。胜方场数为参加人数 -1，负方场数为参加人数 -2。设 X= 参加人数（或队数），则淘汰比赛场数 = 胜方比赛场数 + 负方比赛场数，即（X-1）+（X-2）=2X-3。 例如，8 人参加双淘汰赛。 胜方比赛轮数为 2 自乘 3 次，即 2^3，则需比赛 3 轮。胜方比赛场数为参加人数 -1，即 8-1=7 场。 负方比赛轮数 = 胜方轮数 +1，3+1=4 轮，负方比赛场数 = 参加人数 -2，即 8-2=6 场。 故 8 人参加双淘汰赛共需打 7 轮，13 场比赛

双淘汰赛比赛秩序表

附　录　《国家学生体质健康标准》简介

附录一　《国家学生体质健康标准》的实施说明

一、说　明

《国家学生体质健康标准》（以下简称《标准》）从身体形态、身体机能和身体素质等方面综合评定学生的体质健康水平，是促进学生体质健康发展、激励学生积极进行身体锻炼的教育手段，是国家学生发展核心素养体系和学业质量标准的重要组成部分，是学生体质健康的个体评价标准。

本标准将适用对象中的大学部分分为：大学一、二年级为一组，三、四年级为一组。

大学各组别的测试指标均为必测指标。其中，身体形态类中的身高、体重，身体机能类中的肺活量，以及身体素质类中的 50 米跑、坐位体前屈为各年级学生共性指标。

本标准的学年总分由标准分与附加分之和构成，满分为 120 分。标准分由各单项指标得分与权重乘积之和组成，满分为 100 分。附加分根据实测成绩确定，即对成绩超过 100 分的加分指标进行加分，满分为 20 分；大学的加分指标为男生引体向上和 1000 米跑，女生 1 分钟仰卧起坐和 800 米跑，各指标加分幅度均为 10 分。

根据学生学年总分评定等级：90.0 分及以上为优秀，80.0 ～ 89.9 分为良好，60.0 ～ 79.9 分为及格，59.9 分及以下为不及格。

每个学生每学年评定一次，记入《〈国家学生体质健康标准〉登记卡》（附表 1-1）。特殊学制的学校，在填写登记卡时可以按规定和需求相应地增减栏目。学生毕业时的成绩和等级，按毕业当年学年总分的 50% 与其他学年总分平均得分的 50% 之和进行评定。

学生测试成绩评定达到良好及以上者，方可参加评优与评奖；成绩达到优秀者，方可获体育奖学分。测试成绩评定不及格者，在本学年度准予补测一次，补测仍不及格，则学年成绩评定为不及格。普通高中、中等职业学校和普通高等学校学生毕业时，《标准》测试的成绩达不到 50 分者按结业或肄业处理。

学生因病或残疾可向学校提交暂缓或免予执行《标准》的申请，经医疗单位证明，体育教学部门核准，可暂缓或免予执行《标准》，并填写《免予执行＜国家学生体质健康标准＞申请表》（附表 1-2），存入学生档案。确实丧失运动能力、被免予执行《标准》的残疾学生，仍可参加评优与评奖，毕业时《标准》成绩需注明免测。

各学校每学年开展覆盖本校各年级学生的《标准》测试工作，《标准》测试数据经当地教育行政部门按要求审核后，通过"中国学生体质健康网"上传至"国家学生体质健康标准数据管理系统"。测试和数据上传时间由教育行政部门确定。

本标准由教育部负责解释。

附表1-1 《国家学生体质健康标准》登记卡（大学样表）

学　校 _____

姓　名		性　别		学　号	
院（系）		民　族		出生日期	

单项指标	大一			大二			大三			大四			毕业成绩	
	成绩	得分	等级	成绩	得分	等级	成绩	得分	等级	成绩	得分	等级	得分	等级
体重指数（BMI）/(千克·米⁻²)														
肺活量/毫升														
50米跑/秒														
坐位体前屈/厘米														
立定跳远/厘米														
引体向上（男）/1分钟仰卧起坐（女）/次														
1000米跑（男）/800米跑（女）/(分·秒)														
标准分														

加分指标	成绩	附加分	成绩	附加分	成绩	附加分	成绩	附加分		
引体向上（男）/1分钟仰卧起坐（女）/次										
1000米跑（男）/800米跑（女）/(分·秒)										
学年总分										
等级评定										
体育教师签字										
辅导员签字										

注：高等职业学校、高等专科学校参照本样表执行。

学校签章：　　　年　　月　　日

附表 1-2　免予执行《国家学生体质健康标准》申请表（样表）

姓　名		性　别		学　号	
班级/院（系）		民　族		出生日期	

原

因

申请人：

年　月　日

体育教师签字		家长签字	

学
校
体
育
部
门
意
见

学校签章：

年　月　日

注：中等职业学校及普通高等学校的学生，"家长签字"由学生本人签字。

二、单项指标与权重

附表 1-3　测试指标与权重

测试对象	单项指标	权　重
大学各年级	体重指数（BMI）	15%
	肺活量	15%
	50 米跑	20%
	坐位体前屈	10%
	立定跳远	10%
	引体向上（男）/1 分钟仰卧起坐（女）	10%
	1000 米跑（男）/800 米跑（女）	20%

注：体重指数（BMI）=体重/身高^2（千克/米^2）。

附录二　《国家学生体质健康标准》的测试方法

一、身　高

受试者赤足，以立正姿势站在身高计的底板上（上肢自然下垂，脚跟并拢，足尖分开约60°）。足跟、骶骨部及两肩胛区与立柱相接触，躯干自然，头正，耳屏上缘与眼眶下缘呈水平位。（附图 2-1）

二、体　重

测试时，电子秤应放在平坦的地面上。受试者赤足，男性受试者身着短裤，女性受试者身着短裤、短袖衫，站

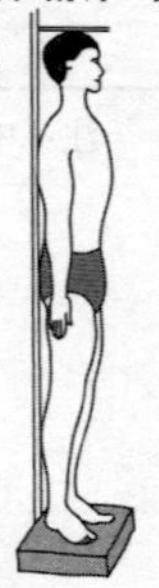

附图 2-1　附图 2-2

在秤台中央。（附图 2-2）

三、肺活量

首先告知受试者不必紧张，并且要尽全力吹，以中等速度和力度吹气效果最好。令被测试者面对肺活量计站立，手持吹气口嘴，测试过程中口嘴或鼻处不能漏气，如果漏气应调整口嘴以及用鼻夹（或自己捏鼻孔）；学会深吸气（避免耸肩提气，应该像闻花似地慢吸气）。受试者进行一两次较平日深一些的呼吸动作后，更深地吸一口气，屏住气向口嘴处慢慢呼出至不能再呼为止，防止此时从口嘴处吸气。测试中不得中途二次吸气。吹气完毕后，液晶屏上最终显示的数字即为肺活量。以毫升为单位记录测试成绩，不保留小数。

四、50米跑

受试者至少两人一组测试。站立式起跑，受试者听到"跑"的口令后开始起跑。发令员在发出口令的同时要摆动发令旗。计时员视旗动开表计时，受试者躯干部到达终点线的垂直面停表。

五、坐位体前屈

受试者两腿伸直，两脚平蹬测试纵板坐在平地上，两脚分开 10～15 厘米，两脚平蹬测试纵板，上体前屈，两臂伸直，用两手中指指尖逐渐向前推动游标，直到不能前推为止（附图 2-3）。测试计的脚蹬纵板内沿平面为 0 点，向内为负值，向前为正值。以厘米为单位记录测试成绩，保留一位小数。测试两次，取最好成绩。

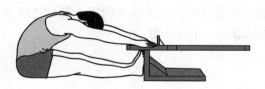

附图 2-3

六、立定跳远

受试者两脚自然分开站立，站在起跳线后，脚尖不得踩线（最好用线绳做起跳线）。两脚原地同时起跳，不得有垫步或连跳动作。丈量起跳线后缘至最近着地点后的垂直距离，以厘米为单位纪录测试成绩，不计小数。

七、引体向上（男）

受试者跳起，两手正握杠，两手与肩同宽，成直臂悬垂。静止后，两臂同时用力引体（身体不能有附加动作），上拉到下颌超过横杠上缘为完成一次。记录引体次数。

八、1分钟仰卧起坐（女）

受试者仰卧于垫上，两腿屈膝，小腿与地面成45°角左右，两手轻轻地搭在双耳侧。脚底紧贴地面。受试者坐起时两肘触及或超过两膝为完成一次。仰卧时，两肩胛必须触垫。纪录受试者1分钟完成仰卧起坐的次数。（附图2-4）

附图2-4

九、800米（女）、1000米（男）跑

受试者至少两人一组进行测试，站立式起跑。当听到"跑"的口令后开始起跑。计时员看到旗动可开表计时，当受试者的躯干部到达终点线垂直面时停表。以分、秒为单位记录测试成绩，不计小数。

附录三　《国家学生体质健康标准》的测试评分表

附表 3-1　体重指数（BMI）单项评分表　（单位：千克/米²）

等　级	单项得分	大学男生	大学女生
正　常	100	17.9～23.9	17.2～23.9
低体重	80	≤17.8	≤17.1
超　重		24.0～27.9	24.0～27.9
肥　胖	60	≥28.0	≥28.0

附表 3-2　大学男生各测试项目评分表　（大一、大二适用）

等　级	单项得分/分	肺活量/毫升	50米跑/秒	坐位体前屈/厘米	立定跳远/厘米	引体向上/次	耐力跑1000米/（分·秒）
优　秀	100	5040	6.7	24.9	273	19	3'17"
	95	4920	6.8	23.1	268	18	3'22"
	90	4800	6.9	21.3	263	17	3'27"
良　好	85	4550	7.0	19.5	256	16	3'34"
	80	4300	7.1	17.7	248	15	3'42"
及　格	78	4180	7.3	16.3	244		3'47"
	76	4060	7.5	14.9	240	14	3'52"
	74	3940	7.7	13.5	236		3'57"
	72	3820	7.9	12.1	232	13	4'02"
	70	3700	8.1	10.7	228		4'07"
	68	3580	8.3	9.3	224	12	4'12"

续 表

等级	单项得分/分	肺活量/毫升	50米跑/秒	坐位体前屈/厘米	立定跳远/厘米	引体向上/次	耐力跑1000米/（分·秒）
及格	66	3460	8.5	7.9	220		4'17"
	64	3340	8.7	6.5	216	11	4'22"
	62	3220	8.9	5.1	212		4'27"
	60	3100	9.1	3.7	208	10	4'32"
不及格	50	2940	9.3	2.7	203	9	4'52"
	40	2780	9.5	1.7	198	8	5'12"
	30	2620	9.7	0.7	193	7	5'32"
	20	2460	9.9	-0.3	188	6	5'52"
	10	2300	10.1	-1.3	183	5	6'12"

附表 3-3　大学男生各测试项目评分表　　　　（大三、大四适用）

等级	单项得分/分	肺活量/毫升	50米跑/秒	坐位体前屈/厘米	立定跳远/厘米	引体向上/次	耐力跑1000米/（分·秒）
优秀	100	5140	6.6	25.1	275	20	3'15"
	95	5020	6.7	23.3	270	19	3'20"
	90	4900	6.8	21.5	265	18	3'25"
良好	85	4650	6.9	19.9	258	17	3'32"
	80	4400	7.0	18.2	250	16	3'40"
及格	78	4280	7.2	16.8	246		3'45"
	76	4160	7.4	15.4	242	15	3'50"
	74	4040	7.6	14.0	238		3'55"
	72	3920	7.8	12.6	234	14	4'00"
	70	3800	8.0	11.2	230		4'05"
	68	3680	8.2	9.8	226	13	4'10"

等　级	单项得分/分	肺活量/毫升	50米跑/秒	坐位体前屈/厘米	立定跳远/厘米	引体向上/次	耐力跑1000米/（分·秒）
及　格	66	3560	8.4	8.4	222		4'15"
	64	3440	8.6	7.0	218	12	4'20"
	62	3320	8.8	5.6	214		4'25"
	60	3200	9.0	4.2	210	11	4'30"
不及格	50	3030	9.2	3.2	205	10	4'50"
	40	2860	9.4	2.2	200	9	5'10"
	30	2690	9.6	1.2	195	8	5'30"
	20	2520	9.8	0.2	190	7	5'50"
	10	2350	10.0	-0.8	185	6	6'10"

附表3-4　大学女生各测试项目评分表　　（大一、大二适用）

等　级	单项得分/分	肺活量/毫升	50米跑/秒	坐位体前屈/厘米	立定跳远/厘米	1分钟仰卧起坐/次	耐力跑800米/（分·秒）
优　秀	100	3400	7.5	25.8	207	56	3'18"
	95	3350	7.6	24.0	201	54	3'24"
	90	3300	7.7	22.2	195	52	3'30"
良　好	85	3150	8.0	20.6	188	49	3'37"
	80	3000	8.3	19.0	181	46	3'44"
及　格	78	2900	8.5	17.7	178	44	3'49"
	76	2800	8.7	16.4	175	42	3'54"
	74	2700	8.9	15.1	172	40	3'59"
	72	2600	9.1	13.8	169	38	4'04"
	70	2500	9.3	12.5	166	36	4'09"
	68	2400	9.5	11.2	163	34	4'14"

 大学体育俱乐部理论指南教程

等　级	单项得分/分	肺活量/毫升	50米跑/秒	坐位体前屈/厘米	立定跳远/厘米	1分钟仰卧起坐/次	耐力跑800米/（分·秒）
及　格	66	2300	9.7	9.9	160	32	4'19"
	64	2200	9.9	8.6	157	30	4'24"
	62	2100	10.1	7.3	154	28	4'29"
	60	2000	10.3	6.0	151	26	4'34"
不及格	50	1960	10.5	5.2	146	24	4'44"
	40	1920	10.7	4.4	141	22	4'54"
	30	1880	10.9	3.6	136	20	5'04"
	20	1840	11.1	2.8	131	18	5'14"
	10	1800	11.3	2.0	126	16	5'24"

附表3-5　大学女生各测试项目评分表　　　　　（大三、大四适用）

等　级	单项得分/分	肺活量/毫升	50米跑/秒	坐位体前屈/厘米	立定跳远/厘米	1分钟仰卧起坐/次	耐力跑800米/（分·秒）
优　秀	100	3450	7.4	26.3	208	57	3'16"
	95	3400	7.5	24.4	202	55	3'22"
	90	3350	7.6	22.4	196	53	3'28"
良　好	85	3200	7.9	21.0	189	50	3'35"
	80	3050	8.2	19.5	182	47	3'42"
及　格	78	2950	8.4	18.2	179	45	3'47"
	76	2850	8.6	16.9	176	43	3'52"
	74	2750	8.8	15.6	173	41	3'57"
	72	2650	9.0	14.3	170	39	4'02"
	70	2550	9.2	13.0	167	37	4'07"
	68	2450	9.4	11.7	164	35	4'12"

等　级	单项得分/分	肺活量/毫升	50米跑/秒	坐位体前屈/厘米	立定跳远/厘米	1分钟仰卧起坐/次	耐力跑800米/（分·秒）
及　格	66	2350	9.6	10.4	161	33	4'17"
	64	2250	9.8	9.1	158	31	4'22"
	62	2150	10.0	7.8	155	29	4'27"
	60	2050	10.2	6.5	152	27	4'32"
不及格	50	2010	10.4	5.7	147	25	4'42"
	40	1970	10.6	4.9	142	23	4'52"
	30	1930	10.8	4.1	137	21	5'02"
	20	1890	11.0	3.3	132	19	5'12"
	10	1850	11.2	2.5	127	17	5'22"

附表3-6　大学生加分指标测试项目评分表一　　　　（单位：次）

加　分	引体向上（男）		1分钟仰卧起坐（女）	
	大一、大二	大三、大四	大一、大二	大三、大四
10	10	10	13	13
9	9	9	12	12
8	8	8	11	11
7	7	7	10	10
6	6	6	9	9
5	5	5	8	8
4	4	4	7	7
3	3	3	6	6
2	2	2	4	4
1	1	1	2	2

注：引体向上（男）、1分钟仰卧起坐（女），均为高优指标，学生成绩超过单项评分100分后，以超过的次数所对应的分数进行加分。

附表 3–7　大学生加分指标测试项目评分表二　　　　（单位：分·秒）

加　分	1000米跑（男）		800米跑（女）	
	大一、大二	大三、大四	大一、大二	大三、大四
10	−35"	−35"	−50"	−50"
9	−32"	−32"	−45"	−45"
8	−29"	−29"	−40"	−40"
7	−26"	−26"	−35"	−35"
6	−23"	−23"	−30"	−30"
5	−20"	−20"	−25"	−25"
4	−16"	−16"	−20"	−20"
3	−12"	−12"	−15"	−15"
2	−8"	−8"	−10"	−10"
1	−4"	−4"	−5"	−5"

　　注：1000米跑（男）、800米跑（女）均为低优指标，学生成绩低于单项评分100分后，以减少的秒数所对应的分数进行加分。